WESLEY HAYKA

SEM ISSO VOCÊ NÃO VAI EMAGRECER

Descubra o que sempre impediu você de perder o peso – por mais que tentasse – e como ter o corpo magro que sempre sonhou.

EDITORA SAVI

Head Publisher: Bruno Valente

Revisão e Assistente Editorial: Daniela Sá

Diagramação: LivroEbook Diagramação e Design

Todos os casos apresentados ao longo do livro são baseados em histórias de pessoas reais. No entanto, foram alterados seus nomes e informações pessoais a fim de preservar suas identidades.

ISBN: 978-65-83040-01-5

EDITORA SAVI

Site: www.editorasavi.com.br
e-mail: contato@editorasavi.com.br

WESLEY HAYKA

SEM ISSO VOCÊ NÃO VAI EMAGRECER

Descubra o que sempre impediu você de perder o peso – por mais que tentasse – e como ter o corpo magro que sempre sonhou.

EDITORA
SAVI

SUMÁRO

PARTE 3
SONO DE QUALIDADE

PARTE 4
TREINO DIÁRIO

PARTE 5
REEDUCAÇÃO ALIMENTAR

INTRODUÇÃO

Bem-vindo ao início de uma transformação que irá além de simplesmente perder peso — prepare-se para uma completa reeducação de sua vida. Aqui, você descobrirá os segredos que separam os sucessos temporários das mudanças duradouras. Este livro não apenas revelará como alcançar seu peso ideal, mas, mais importante, como manter-se nele.

Emagrecer não é fácil, todos sabemos disso. Ainda assim, é inegável que a quantidade de programas, caminhos e protocolos que prometem ajudar as pessoas nesse objetivo aumenta a cada dia, seja na internet ou no mundo offline. Mas depois de acompanhar centenas de pessoas em seus processos de emagrecimento, infelizmente, percebi que, em menos de um ano, a maioria voltava ao peso anterior - quando não mais!

Analisando minuciosamente seus comportamentos e os fatores que levavam à falta de manutenção do peso perdido, descobri que existem alguns elementos invisíveis que, se não observados e praticados atentamente, podem fazer cair por terra todo o esforço até então alcançado. E são eles que quero compartilhar com você nestas páginas pois ***sem isso você não vai emagrecer.***

Prepare-se para mergulhar nos cinco pilares essenciais que são a chave para evitar o temido efeito sanfona que frustra tantos em suas jornadas de emagrecimento: *reteorização, rotina organizada, sono de qualidade, treino eficaz* e *reeducação alimentar*.

Cada um desses elementos compõe uma seção inteira dedicada ao longo do livro, para que você compreenda os conceitos e consiga colocá-los em prática. O primeiro deles, a ***reteorização***, é o processo de desmantelar as crenças limitantes que sabotam seus esforços de emagrecimento. Aprender a identificar e reformular pensamentos disfuncionais é crucial, pois eles definem como você interage com a comida e com seu estilo de vida. Sem mudar o modo como pensa sobre comida e saúde, qualquer perda de peso será temporária.

Em seguida, abordaremos sobre a ***rotina organizada***. A organização não se limita a planejar suas refeições ou exercícios; trata-se de estruturar seu dia de modo que o bem-estar e o cuidado pessoal sejam tão inegociáveis quanto qualquer outro compromisso essencial. Uma rotina bem planejada reduz o estresse e elimina as decisões de última hora que podem levar a escolhas alimentares pobres. De forma contrária, a falta de organização e planejamento podem arruinar todo o processo.

O terceiro pilar, ***sono de qualidade***, é frequentemente subestimado no contexto do emagrecimento. No entanto, um descanso adequado é fundamental para regular os hormônios que controlam o apetite e o metabolismo. Sem ele, seu corpo não tem a capacidade de recuperar-se do estresse diário ou dos treinos, o que compromete qualquer plano de perda de peso.

O quarto elemento, ***treino diário***, vai além da simples atividade física. Iremos aprender como exercícios bem planejados e personalizados são essenciais para queimar calorias de maneira eficaz, mas também para construir e manter a massa muscular que é vital para um metabolismo saudável.

Por fim, a ***reeducação alimentar***. Mais do que dietas, você aprenderá a nutrir seu corpo de maneira inteligente e sustentável. Comer não deve ser uma batalha, mas uma fonte de prazer e saúde. Vou guiar você através de escolhas alimentares que complementam seu estilo de vida, mantendo você saciado, nutrido e energizado.

"*Sem Isso Você Não Vai Emagrecer*" é mais do que um livro; é um mentor, um guia que caminhará ao seu lado. À medida que você vira cada página, encontrará não só instruções, mas também inspiração para continuar a jornada, não importa os desafios. Esses pilares não são apenas teorias; eles são a infraestrutura de uma vida nova e melhorada que você construirá a cada escolha consciente.

Encare esta leitura não apenas como um investimento em seu corpo, mas como uma expansão de sua mente e espírito. Aqui começa sua verdadeira transformação. A jornada para uma vida mais saudável e feliz começa agora. Estamos aqui para cada passo, cada vitória, cada revelação. Vamos juntos descobrir o poder de uma vida transformada.

PARTE 1
RETEORIZAÇÃO

NO MOSAICO COMPLEXO DO EMAGRECIMENTO, UMA PEÇA FREQUENTEMENTE NEGLIGENCIADA É A NOSSA MENTALIDADE, ESPECIFICAMENTE AS TEORIAS QUE CARREGAMOS CONOSCO AO LONGO DA VIDA.

CAPÍTULO 1

AS TEORIAS NA JORNADA DE EMAGRECIMENTO

À medida que embarcamos na intricada jornada do emagrecimento, muitas vezes nos concentramos intensamente nas ações físicas: a comida que colocamos em nosso prato, os passos que registramos no pedômetro, as calorias que queimamos no ginásio. Mas enquanto esses componentes tangíveis certamente desempenham um papel crucial, há uma força invisível, muitas vezes subestimada, que pode determinar o sucesso ou fracasso de nossa jornada: as nossas teorias.

MAS, HAYKA, O QUE SÃO AS TEORIAS?

Em sua essência, as teorias são as convicções ou as aceitações de que algo é verdadeiro, mesmo que não haja evidência concreta para substanciar essa verdade. As nossas teorias são tudo aquilo que acreditamos.

Aprofundemos na natureza e nas origens das teorias, pois são fundamentais para compreender sua influência em nossa jornada de emagrecimento:

As teorias têm suas raízes em diversas fontes, destacando-se as experiências pessoais como uma das principais. Uma criança que é mordida por um cachorro, por exemplo, pode desenvolver a teoria de que todos os cães são perigosos, uma generalização baseada em uma experiência específica.

Além disso, as influências sociais e culturais desempenham um papel significativo na formação de nossas teorias. O ambiente em que crescemos, seja familiar, social ou cultural, molda nossas crenças e convicções. Por exemplo, em algumas culturas, certos alimentos são associados à sorte ou à saúde, o que pode influenciar as escolhas alimentares e as teorias sobre alimentação.

A educação e o aprendizado também têm um impacto profundo em nossas teorias. O que absorvemos na escola, através da leitura ou em treinamentos, contribui para moldar nossas crenças e convicções. Por exemplo, alguém que estuda os efeitos das mudanças climáticas pode desenvolver teorias fortes sobre práticas sustentáveis, baseadas no conhecimento adquirido.

No que diz respeito aos tipos de teorias, podemos distinguir entre teorias limitantes e teorias potencializadoras. As teorias limitantes são aquelas que nos impedem de avançar ou de alcançar nosso máximo potencial. Por exemplo, acreditar que "não sou bom o suficiente" pode minar nossa confiança e nos impedir de buscar oportunidades ou aceitar desafios. Por outro lado, as teorias potencializadoras são aquelas que nos impulsionam para a frente, motivando-nos a alcançar nossos objetivos. Acreditar que "posso aprender qualquer coisa que me proponho a fazer" é um exemplo de uma teoria potencializadora que pode nos inspirar a buscar novos desafios e a perseguir nossos sonhos.

Além disso, as teorias exercem um poderoso impacto sobre nossas ações e percepções. Elas atuam como filtros através dos quais interpretamos o mundo ao nosso redor e podem influenciar nossa percepção da realidade. Duas pessoas podem experimentar o mesmo evento, mas interpretá-lo de maneiras diferentes com base em suas teorias individuais. Além disso, nossas teorias também influenciam diretamente nossas ações. Se acreditamos que somos incapazes de fazer algo, é menos provável que tentemos, limitando assim nosso potencial.

É importante ressaltar que, embora as teorias sejam profundamente enraizadas, elas não são imutáveis. Com a prática da reteorização, podemos desafiar e mudar as teorias que não nos servem mais, abrindo caminho para uma transformação pessoal e uma jornada de emagrecimento mais sustentável e gratificante.

No contexto específico do emagrecimento, compreender nossas teorias é crucial. Se carregarmos teorias limitantes sobre nossa capacidade de perder peso ou sobre como nosso corpo "deveria" ser, essas crenças podem se tornar obstáculos significativos em nossa jornada. Ao identificar, desafiar e transformar essas teorias, podemos criar uma base sólida para o sucesso em nosso objetivo de emagrecer e alcançar uma vida mais saudável e feliz.

Portanto, imagine suas teorias como a fundação sobre a qual você constrói sua casa. Se essa fundação for instável, qualquer esforço que você faça para construir uma estrutura robusta acima dela corre o risco de desmoronar. Da mesma forma, no contexto do emagrecimento, as teorias que sustentam nossas crenças sobre nós mesmos e nosso potencial podem determinar o sucesso ou o fracasso de nossos esforços para alcançar nossos objetivos de saúde e bem-estar.

POR QUE AS TEORIAS SÃO TÃO PODEROSAS?

As teorias exercem um poder significativo sobre nós, e isso se deve em parte às suas origens profundas. Muitas das teorias que temos sobre nós mesmos e sobre o mundo ao nosso redor foram formadas na infância e consolidadas ao longo das experiências da vida. Podem ter sido moldadas por comentários casuais de um ente querido, críticas de colegas na escola ou até mesmo pelas mensagens constantes veiculadas pela mídia e pela cultura popular. Essas experiências moldam nossas crenças de forma duradoura, influenciando nossas ações e percepções.

Além disso, as teorias têm o poder de se tornar autorrealizáveis. Quando acreditamos profundamente em algo, consciente ou inconscientemente, tendemos a agir de maneiras que reforçam essa crença. Por exemplo, se alguém constantemente acredita ser péssimo em esportes, é provável que evite atividades físicas, reforçando ainda mais essa teoria sobre si mesmo.

Outro aspecto importante é o filtro mental que as teorias exercem sobre nossa percepção da realidade. Elas atuam como lentes através das quais vemos o mundo. Se estamos firmemente convencidos de que nunca seremos capazes de perder peso, é provável que comecemos a filtrar e a focar apenas nos momentos de "falha", enquanto minimizamos ou ignoramos completamente os sucessos alcançados. Essa tendência pode criar um ciclo negativo que reforça nossas teorias limitantes.

Compreender e reconhecer o papel das teorias no processo de emagrecimento é fundamental para iniciar uma jornada de transformação tanto física quanto mental. Não se trata apenas de mudar o corpo, mas também de transformar a mente. Enquanto exploramos a importância do sono, da alimentação e do exercício em nossa busca pelo emagrecimento, é essencial lembrar que tudo começa no âmago de nossas teorias e percepções.

Ao avançarmos nessa jornada, é crucial mergulharmos profundamente no desafio de transformar as teorias limitantes que podem estar nos impedindo de alcançar nossos objetivos de emagrecimento. Somente assim poderemos despertar para uma versão mais saudável, vibrante e confiante de nós mesmos. Essa transformação não é apenas física, mas também uma jornada de autodescoberta e empoderamento, onde redefinimos nossas próprias narrativas e nos tornamos os arquitetos de nossa própria felicidade e bem-estar.

E o que elas têm a ver com os os comportamentos alimentares?

No mosaico complexo do emagrecimento, uma peça frequentemente negligenciada é a nossa mentalidade, especificamente as teorias que carregamos conosco ao longo da vida. Essas teorias, muitas vezes arraigadas desde a infância, atuam como filtros silenciosos que moldam a maneira como percebemos a comida e, por consequência, os nossos hábitos alimentares.

Imagine a mente como um jardim. As teorias são as sementes plantadas nesse solo. Ao longo do tempo, com a adubagem constante de experiências e informações, as sementes germinam, transformando-se em plantas. Algumas das plantas podem ser nutritivas e benéficas, enquanto outras, verdadeiras ervas daninhas invasivas. No contexto do emagrecimento, as ervas daninhas são as teorias limitantes a respeito da alimentação.

Muitos de nós cresceram ouvindo frases como "Limpe o prato, pense nas crianças que passam fome" ou "Comer doce demais vai te fazer mal". Essas declarações, muitas vezes bem-intencionadas, podem gerar teorias sobre como "é errado desperdiçar comida" ou "todos os doces são ruins para mim". Com o tempo, tais teorias podem se manifestar como compulsão alimentar, culpa pós-refeição ou evitação total de certos alimentos.

A ciência da neuroplasticidade nos mostra que o cérebro é maleável. Então, assim como uma teoria foi formada, ela pode também ser reformulada. Entender a relação entre as teorias e os comportamentos alimentares é o primeiro passo crucial na jornada da reprogramação mental.

Ao começarmos a questionar e a analisar as nossas teorias sobre a comida, podemos identificar aquelas que não estão nos servindo bem. Por exemplo, a teoria de que "carboidratos são o inimigo" pode ser substituída por "carboidratos podem ser uma fonte de energia e preciso aprender a escolher os tipos certos e consumi-los de forma equilibrada".

Conectar-se conscientemente às nossas teorias alimentares nos permite comer com intenção e propósito. De repente, a comida deixa de ser um campo minado de culpa e restrição e se transforma em uma ferramenta de emagrecimento, nutrição, saúde e bem-estar.

Assim, à medida que embarcamos na jornada de emagrecimento, é vital dar um passo atrás e refletir: *Quais teorias estão moldando a minha relação com a comida?* Desvendar essa intrincada teia pode ser a chave para desbloquear uma relação saudável e sustentável com os alimentos e, por extensão, uma jornada de emagrecimento bem-sucedida.

Mergulhar no universo do emagrecimento nos leva, inevitavelmente, a uma constatação fundamental: **a verdadeira transformação começa na mente**. Diante de um mundo repleto de dietas da moda, pílulas mágicas e soluções rápidas, um fator muitas vezes negligenciado é o poder da mentalidade e das teorias que cultivamos sobre os nossos resultados. No entanto, se estamos verdadeiramente comprometidos com a transformação sustentável e o sucesso a longo prazo, a reprogramação mental se torna não apenas benéfica, mas essencial.

POR QUE A MENTALIDADE É TÃO CRUCIAL?

A resposta é simples. Nossas teorias, especialmente aquelas sobre nós mesmos e nossas capacidades, ditam as nossas ações. Se internamente acreditamos que nunca conseguiremos atingir um peso saudável, essa teoria se manifestará em comportamentos autossabotadores, como pular as sessões de treino, fazer escolhas alimentares impulsivas ou desistir quando os desafios surgirem.

Em contrapartida, uma mentalidade fortalecida, alinhada a objetivos claros e teorias positivas, pode ser a alavanca que impulsiona ações consistentes e decisões sábias, mesmo diante de obstáculos.

O QUE É A REPROGRAMAÇÃO MENTAL?

A reprogramação mental se refere ao processo de identificar e alterar teorias limitantes, substituindo-as por teorias fortalecedoras, processo também conhecido como RETEORIZAÇÃO, pois, através de ferramentas específicas e direcionadas, você é capaz de alterar as suas teorias.

Trata-se de um processo de rompimento emocional e de um exercício de autoconhecimento profundo, demandando reflexão, consciência e ação deliberada. No contexto do emagrecimento, pode significar substituir teorias como "Eu sempre falho em dietas" por "Estou no controle das minhas escolhas e posso aprender com os meus erros", para isso é necessário uma nova percepção de mundo alcançada através da RETEORIZAÇÃO.

Para obter sucesso duradouro no emagrecimento, é imprescindível olhar além da superfície e ir mais fundo nas camadas psicológicas e emocionais da jornada. Ao abraçarmos a reprogramação mental e a RETEORIZAÇÃO, criamos um terreno fértil no qual novas teorias e comportamentos florescem, conduzindo-nos a um caminho de emagrecimento definitivo, bem-estar, saúde e satisfação duradouros.

IDENTIFICANDO SUAS TEORIAS LIMITANTES

Quando pensamos em emagrecimento, geralmente nos concentramos em elementos palpáveis: a contagem de calorias, os tipos de alimentos, os exercícios físicos e até mesmo a quantidade de sono que obtemos. Porém existe um componente invisível, muitas vezes esquecido, que pode ser o fator determinante no nosso sucesso (ou falta dele) na jornada de perda de peso: as nossas teorias. E dentre elas, as teorias limitantes são particularmente traiçoeiras, operando nas sombras de nossa mente e influenciando as nossas ações de maneiras que nem sempre percebemos.

As teorias limitantes são as convicções ou percepções que temos sobre nós mesmos, os outros ou o mundo ao nosso redor, e que nos restringem de alguma forma. Elas geralmente se originam de experiências passadas, educação, cultura ou interações sociais e podem se manifestar como pensamentos do tipo "Eu nunca serei bom o suficiente", "Não consigo emagrecer" ou "Sempre falho quando tento emagrecer".

Uma noite mal dormida pode ser apenas o início. Quando estamos cansados, as nossas defesas mentais baixam e as teorias limitantes têm mais espaço para operar. Se acreditamos que não temos autocontrole, por exemplo, essa teoria pode se manifestar na forma de escolhas alimentares impulsivas após uma noite de sono insatisfatória.

Além disso, as teorias limitantes podem nos fazer desistir de tentar melhorar o nosso sono, com pensamentos do tipo "Eu nunca consigo dormir bem de qualquer maneira". Essa resignação nos impede de buscar soluções e estratégias para melhorar os nossos padrões de sono, essenciais para a saúde e o emagrecimento.

Essa identificação é um processo introspectivo, o qual muitas vezes nos exige escavar os nossos sentimentos e pensamentos mais profundos. Uma maneira eficaz de começar é fazendo perguntas específicas a si mesmo, as quais podem ajudar a revelar tais teorias escondidas. Abaixo estão algumas perguntas-chave para guiá-lo nessa jornada:

1. **Quais são os seus medos relacionados ao emagrecimento? Por exemplo, "Tenho medo de falhar e ser julgado". Escreva todos abaixo:**

2. **Quando você pensa em treinar e se alimentar saudável, que pensamentos negativos vêm à mente? Exemplo: "Já tentei antes e não funcionou, por que seria diferente agora?". Escreva todos abaixo:**

3. Você já disse ou pensou frases como: "Eu não sou bom o suficiente", "Não tenho força de vontade", "Emagrecer é só para alguns sortudos"? Se sim, o que levou você a falar e pensar dessa maneira? Escreva abaixo:

4. Houve alguma situação no passado em que você não conseguiu atingir uma meta de peso ou de saúde? O que você disse a si mesmo depois disso?

5. Existem comentários ou críticas que você ouviu ao longo de sua vida que ainda ressoam em sua mente quando se trata de sua capacidade de emagrecer? Escreva todos abaixo:

6. **Quais são os seus maiores obstáculos para alcançar o seu peso ideal? Eles são realmente tangíveis ou são barreiras que você construiu em sua mente? Escreva com detalhes abaixo:**

7. **Como você se vê no futuro se continuar com seus hábitos atuais? Esse pensamento lhe traz algum desconforto ou medo? Escreva com detalhes abaixo:**

8. **Quais são as razões pelas quais você acredita que não pode ou não conseguiu atingir os seus objetivos de emagrecimento no passado? Essas razões são fatos ou simplesmente percepções?**

   Escreva com detalhes abaixo:

9. Você se compara com os outros? Se sim, como essas comparações afetam a sua visão sobre a sua própria jornada de emagrecimento? Escreva com detalhes abaixo:

____
____
____
____
____
____
____

10. Quando você pensa sobre sucesso no emagrecimento, qual é a primeira coisa que lhe vem à mente? Essa visão é positiva ou traz sentimentos de dúvida e insegurança? Escreva com detalhes abaixo:

____
____
____
____
____
____
____

Ao se aprofundar nessas questões e anotar suas respostas, você começará a ter uma visão mais clara das teorias que podem estar limitando o seu progresso. A autoconsciência é o primeiro passo e, uma vez que você identifique essas teorias, estará bem posicionado para desafiá-las e substituí-las por teorias mais empoderadoras.

TAREFA DIÁRIA

1. Autorreflexão: Reserve um momento do seu dia, todos os dias, para refletir sobre os seus pensamentos e sentimentos relacionados ao emagrecimento e ao sono. O que você diz a si mesmo quando enfrenta desafios? O que você diz quando vem uma vontade forte de comer alimentos que ajudam a engordar? O que você diz quando dá vontade de pular o treino do dia?
2. Journaling (Diário): Manter um diário pode ser uma ferramenta poderosa. Anote os seus pensamentos e sentimentos diários, especialmente após situações desafiadoras. Com o tempo, você começará a notar padrões em sua maneira de pensar.
3. Feedback de Confiança: Às vezes, pessoas próximas a nós podem perceber coisas que não vemos em nós mesmos. Pergunte a amigos ou familiares de confiança se eles notaram qualquer padrão em seu comportamento ou fala que possa indicar uma teoria limitante.
4. Considere o contrário: Para cada teoria limitante que você identificar, tente revertê-la. Por exemplo, se sua teoria for "Eu não posso resistir a doces", inverta-a para "Eu escolho quando e como desfrutar de doces de maneira saudável".

Reconhecer e confrontar as teorias limitantes pode não ser uma tarefa fácil, principalmente quando se trata de tópicos tão pessoais como o corpo, a saúde e o bem-estar. No entanto, ao trazer essas teorias à luz e desafiá-las, abrimos a porta para uma transformação verdadeira e duradoura. E quando combinamos essa clareza mental com estratégias para um sono de qualidade, posicionamo-nos para um sucesso exponencial em nossa jornada de emagrecimento.

QUAIS TEORIAS SABOTAM O SEU PROCESSO DE EMAGRECIMENTO?

A mente humana é uma ferramenta poderosa, mas também pode ser a nossa maior inimiga, especialmente quando se trata de emagrecimento. Muitas das barreiras que encontramos estão enraizadas em teorias limitantes que, muitas vezes, desenvolvemos ao longo de nossa vida. Vamos explorar e desvendar algumas das teorias mais frequentes que podem estar sabotando a sua jornada de perda de peso.

1. "Eu simplesmente não tenho força de vontade."

   A força de vontade não é um recurso finito, mas sim uma habilidade que pode ser desenvolvida. Em vez de depender apenas dela, busque criar uma rotina e um ambiente que facilitem as suas escolhas saudáveis.

2. "Eu sempre serei assim."

   Mudanças são possíveis para todos. O passado não define o seu futuro. Cada novo dia é uma oportunidade para criar a vida e o corpo que deseja.

3. "Já tentei de tudo; nada funciona para mim."

   Cada corpo é único e o que funciona para uma pessoa pode não funcionar para outra. Em vez de se resignar, considere procurar abordagens ou técnicas que ainda não experimentou. O que mais vejo ao longo desses quase 10 anos trabalhando com emagrecimento são pessoas dizendo que não funciona para elas, quando, na verdade, desistiram no início da jornada.

4. "Não posso desfrutar da vida e estar em uma dieta ao mesmo tempo."

   O emagrecimento não é sobre privação, mas sobre organização e ajustes. É possível fazer escolhas saudáveis e ainda desfrutar dos prazeres da vida, comendo tudo o que você mais gosta, de chocolates a sanduíches, desde que tenha organização e ajustes.

5. "Eu mereço esse doce após um dia difícil."

   Enquanto ocasionalmente se recompensar pode ser saudável, fazer da comida a sua principal fonte de consolo pode ser um problema já que a maioria das pessoas come por uma fuga e não por vontade. Explore outras formas de se recompensar que não envolvam comida.

6. "Eu não tenho tempo para cozinhar ou fazer exercícios."

   Com organização e priorização, é possível encaixar uma alimentação saudável em sua rotina, independentemente de quão ocupado você esteja.

7. "Se eu escorregar uma vez, tudo estará perdido."

   Deslizes acontecem. A chave é não se deixar abater por eles, mas aprender com as falhas e continuar se esforçando. Entenda uma coisa muito importante: mesmo quando escorregar na alimentação, não pare. Recomeçar é mais desafiador do que continuar.

8. "Eu não consigo emagrecer."

   Essa teoria pode surgir de experiências passadas frustradas. No entanto, com a ferramenta, a abordagem e o apoio certos, o emagrecimento definitivo e duradouro se torna possível. É importante focar em pequenos progressos e celebrar cada vitória.

9. "Eu já tentei tudo e não deu certo."

   Talvez você apenas ainda não tenha encontrado a estratégia adequada para você. Cada tentativa é uma oportunidade de aprendizado. Mantenha a mente aberta e procure ajuda dos profissionais certos. Como em todas as áreas, nem todos os profissionais estão qualificados para ajudá-lo em sua jornada.

10. "Eu já desisti, emagrecer não é pra mim."

    Desistir é uma decisão, assim como tentar novamente. Reconheça que todos têm o direito de viver de forma saudável e que, com persistência e apoio, você pode encontrar o seu caminho para o emagrecimento.

Todas essas teorias, quando não examinadas, podem funcionar como âncoras que nos impedem de avançar. Ao identificar e desafiar os pensamentos limitantes, você estará se preparando para uma jornada de emagrecimento mais suave e bem-sucedida. Com quais delas você se identificou? Quais percebem que definem seus comportamentos mesmo que de forma inconsciente e sem que você perceba?

A neuroplasticidade, como mencionado anteriormente, é a capacidade do cérebro de se adaptar e mudar sua estrutura e funcionamento em resposta a experiências e aprendizados. Essa concepção desafia a antiga crença de que o cérebro adulto era estático e imutável, destacando assim a dinâmica e a maleabilidade desse órgão complexo.

Um dos processos-chave envolvidos na neuroplasticidade é a sinaptogênese, que refere-se à formação de novas conexões sinápticas entre os neurônios. A cada novo aprendizado ou experiência, o cérebro cria novas sinapses, expandindo assim sua rede de comunicação neuronal e facilitando a aquisição de novas habilidades e conhecimentos.

Além disso, a prática da poda sináptica é essencial para a otimização do funcionamento cerebral. Assim como um jardineiro poda ramos desnecessários de uma planta para promover seu crescimento saudável, o cérebro "poda" conexões sinápticas que não são mais necessárias. Esse processo de eliminação seletiva de sinapses permite que o cérebro refine suas conexões e se adapte de forma mais eficiente às demandas do ambiente.

Outro aspecto importante da neuroplasticidade é a migração neural, que ocorre em certas áreas do cérebro onde novos neurônios podem migrar para regiões onde são mais necessários. Esse fenômeno contribui para a adaptação do cérebro às mudanças ambientais e às demandas cognitivas, garantindo assim sua capacidade de funcionar de maneira ótima em diferentes contextos.

Portanto, esses processos neuroplásticos destacam a incrível capacidade do cérebro humano de se adaptar e evoluir ao longo da vida. Ao compreendermos e aproveitarmos essa capacidade, podemos potencializar nossa capacidade de aprendizado, promover a recuperação após lesões cerebrais e até mesmo prevenir o declínio cognitivo associado ao envelhecimento. É uma prova do potencial transformador do cérebro humano e um lembrete poderoso de que estamos constantemente moldando e sendo moldados pelo nosso ambiente e experiências.

CRIANDO NOVOS PADRÕES DE PENSAMENTO

O processo de formação de novos padrões de pensamento é um processo gradual e deliberado, que requer tempo e esforço. Não acontece da noite para o dia, mas exige um comprometimento consciente para reconhecer e cultivar mudanças em nossos pensamentos e crenças.

O primeiro passo nesse processo é desenvolver a consciência de nossos próprios pensamentos e crenças limitantes. Isso envolve autoavaliação e reflexão, utilizando ferramentas poderosas para examinar nossos padrões mentais e identificar aquelas ideias que nos limitam.

Uma vez que reconhecemos um pensamento limitante, o próximo passo é desafiá-lo de forma consciente. Isso significa questionar a validade desse pensamento e buscar evidências que o apoiem ou contradigam. Pergunte a si mesmo: "Isso é realmente verdade? Existem fatos ou experiências que confirmam ou negam essa crença?"

Em seguida, vem o processo de reformulação, onde substituímos os pensamentos negativos e limitantes por afirmações positivas e fortalecedoras. Esta é uma etapa crucial, onde podemos reprogramar nossa mente para adotar uma perspectiva mais otimista e capacitadora.

Finalmente, a repetição desempenha um papel fundamental na consolidação desses novos padrões de pensamento. O cérebro fortalece as conexões neurais que são usadas com mais frequência, portanto, ao repetir afirmações e padrões de pensamento positivos, estamos fortalecendo essas novas conexões e integrando-as cada vez mais em nosso modo de pensar habitual.

Em resumo, o processo de formação de novos padrões de pensamento envolve uma combinação de consciência, desafio, reformulação e repetição. Ao adotarmos essa abordagem consciente e deliberada, podemos gradualmente reprogramar nossa mente para uma mentalidade mais positiva e capacitadora, promovendo assim nosso bem-estar emocional e mental.

Estabelecer rotinas diárias de mindfulness, meditação ou práticas de afirmação é crucial na formação de novos padrões de pensamento. Essas práticas não só fornecem uma oportunidade regular para cultivar pensamentos positivos, mas também fortalecem as novas conexões neurais ao longo do tempo.

O caminho para emagrecer envolve muito mais do que mudanças físicas; é uma transformação mental e emocional. Ao compreender a capacidade adaptativa do nosso cérebro e empregar técnicas para cultivar padrões de pensamento saudáveis e positivos, não apenas aumentamos nossas chances de sucesso na jornada de emagrecimento, mas também melhoramos o nosso bem-estar e a qualidade de vida em geral. Nesse sentido, o sono de qualidade desempenha um papel crucial, pois é durante o sono que o nosso cérebro consolida os aprendizados, fortalece as novas conexões e, em última análise, nos ajuda a assimilar e solidificar os novos padrões de pensamento.

ALGUMAS FERRAMENTAS DE REPROGRAMAÇÃO MENTAL

O emagrecimento não é apenas uma transformação física; é, fundamentalmente, uma metamorfose mental e emocional. Para navegar com sucesso nessa jornada, é vital equipar-se com as ferramentas adequadas que promovam uma mentalidade positiva e resiliente. Uma das ferramentas mais poderosas desse arsenal é o uso de afirmações positivas.

AFIRMAÇÕES POSITIVAS: A PONTE ENTRE TEORIA E REALIDADE

As afirmações são declarações positivas e diretas sobre nós mesmos ou sobre nossa situação, pronunciadas no tempo presente. Elas têm o poder de desafiar e combater os pensamentos negativos e autolimitantes, construindo, em seu lugar, uma mentalidade mais fortalecedora.

POR QUE AS AFIRMAÇÕES SÃO EFICAZES?

As afirmações têm demonstrado sua eficácia como ferramentas poderosas para promover mudanças positivas em nossas vidas. Existem várias razões pelas quais as afirmações são tão eficazes:

Primeiramente, as afirmações operam na natureza repetitiva da mente humana. Através da repetição constante, as afirmações ajudam a solidificar novas teorias e crenças em nossa mente. Esse processo está alinhado com o princípio da neuroplasticidade, que afirma que quanto mais repetimos um padrão de pensamento, mais forte se torna essa conexão neural. Portanto, ao repetir afirmações positivas regularmente, estamos fortalecendo os circuitos neurais associados a esses pensamentos, o que os torna mais facilmente acessíveis e aceitos pela nossa mente.

Além disso, as afirmações são formuladas no tempo presente. Ao afirmar algo no presente, estamos criando uma sensação de posse e realidade imediata. Isso faz com que o cérebro perceba essa afirmação como uma verdade atual, não apenas uma aspiração futura. Ao fazer isso, estamos programando nossa mente para aceitar e internalizar essas afirmações como parte de nossa realidade presente, o que aumenta sua eficácia em promover mudanças positivas em nosso comportamento e atitude.

Outro benefício das afirmações é que elas têm o poder de reforçar nossa autoestima e autoconfiança. Ao nos concentrarmos no positivo e no que desejamos alcançar, estamos naturalmente impulsionando a crença em nós mesmos e em nossas capacidades. Esse foco no potencial e na autossuficiência nos capacita a enfrentar desafios com uma atitude positiva e resiliente, o que aumenta nossa probabilidade de sucesso em nossos empreendimentos.

Portanto, as afirmações funcionam em múltiplos níveis, aproveitando os princípios da neuroplasticidade, criando uma sensação de realidade imediata e fortalecendo nossa autoestima e autoconfiança. Ao integrar afirmações positivas em nossa rotina diária, podemos moldar ativamente nossa mentalidade e promover um estado mental mais positivo e capacitador.

COMO USAR AS AFIRMAÇÕES EFETIVAMENTE NA JORNADA DE EMAGRECIMENTO

1. Seja Específico: Em vez de dizer "Estou emagrecendo", tente "Estou fazendo escolhas saudáveis todos os dias que me levam ao meu peso ideal".
2. Prática Diária: Dedique um momento específico do seu dia, como pela manhã e antes de dormir, para recitar suas afirmações. O momento antes de dormir é especialmente poderoso,

pois a mente está mais suscetível e essas afirmações podem ecoar em nosso subconsciente durante o sono. Abaixo estão alguns exemplos para você recitar antes de dormir e ao acordar:

- "A cada dia, estou mais próximo(a) do meu peso ideal e saúde perfeita."
- "Eu mereço ser magro(a), ter um abdômen definido, me sentir bem e amar meu corpo."
- "Minhas escolhas alimentares refletem o respeito e cuidado que tenho por mim mesmo(a)."
- "Estou no controle da minha saúde e do meu bem-estar."
- "Eu me alimento para nutrir meu corpo e cada refeição me aproxima dos meus objetivos."
- "Eu sou forte, capaz e determinado(a) a melhorar meu corpo a cada dia."
- "Minha determinação é mais forte do que qualquer desafio que possa surgir."
- "Estou construindo hábitos que durarão a vida toda."
- "Celebro as pequenas vitórias porque elas me levam a resultados maiores."
- "Amo e aceito o meu corpo agora, enquanto também trabalho para melhorá-lo."
- "Minha mente é clara, meu propósito é forte e estou focado(a) em meu emagrecimento.'
- "Eu mereço descanso e recuperação, e o sono é uma parte essencial da minha jornada de emagrecimento e saúde."
- "Eu sou resiliente e supero desafios com graça e determinação."
- "Estou rodeado(a) de energia positiva e pessoas que apoiam a minha jornada."
- "A cada dia, estou aprendendo mais sobre mim e o que o meu corpo precisa para prosperar."

3. Visualize: Ao recitar a afirmação, visualize-se vivendo essa realidade. Se sua afirmação for sobre fazer escolhas alimentares saudáveis, visualize-se escolhendo uma salada fresca em vez de *fast food*.
4. Escreva: Manter um diário de afirmações pode ser uma maneira poderosa de solidificar esses pensamentos em sua mente. Além disso, durante momentos de dúvida, você pode revisitar o diário para se lembrar de suas intenções.
5. Sinta: Mais do que apenas dizer ou pensar, sinta a emoção associada à afirmação. Sinta a alegria, a confiança e a satisfação.

IMAGINE POR UM MOMENTO QUE VOCÊ JÁ ALCANÇOU A SUA META DE PESO IDEAL. VISUALIZE-SE USANDO AQUELA ROUPA QUE SEMPRE QUIS, IMAGINE COMO AS SUAS PERNAS ESTÃO, COMO O SEU BUMBUM ESTÁ, IMAGINE COMO SE ENCONTRA O SEU ABDÔMEN, SENTINDO-SE ENERGIZADO, SAUDÁVEL E CONFIANTE.

CAPÍTULO 2

VISUALIZAÇÃO CRIATIVA: MOLDANDO MENTALMENTE UM FUTURO MAIS SAUDÁVEL

A capacidade de imaginar e criar mentalmente cenas, situações e experiências é uma das características mais mágicas da mente humana. E, por mais incrível que pareça, essa capacidade, denominada de **visualização criativa**, é uma aliada poderosa na jornada do emagrecimento. Quando bem orientada e praticada, a visualização criativa permite uma conexão profunda entre mente e corpo, alinhando as suas ações àquilo que você deseja alcançar.

O QUE É A VISUALIZAÇÃO CRIATIVA?

A visualização criativa refere-se ao processo de imaginar um evento, ação ou resultado desejado em sua mente de forma tão vívida que quase parece real. A ideia por trás disso é que, ao visualizar o que você quer alcançar, cria-se uma espécie de "mapa mental", facilitando a transição de um simples desejo para uma realidade tangível.

COMO ISSO SE RELACIONA COM O EMAGRECIMENTO?

Imagine por um momento que você já alcançou a sua meta de peso ideal. Visualize-se usando aquela roupa que sempre quis, imagine como as suas pernas estão, como o seu bumbum está, imagine como se encontra o seu abdômen, sentindo-se energizado, saudável e confiante. Sinta a leveza do seu corpo, o orgulho de seus feitos e a satisfação de ter conquistado um objetivo tão significativo.

Esse processo, quando repetido, envia sinais ao cérebro que se traduzem em sentimentos e emoções positivas. E, como consequência, tais sentimentos vão motivá-lo a adotar comportamentos mais saudáveis, sejam eles relacionados à alimentação, a exercícios ou a um sono de qualidade.

PASSOS PARA UMA VISUALIZAÇÃO CRIATIVA EFICAZ:

1. Ambiente Adequado: Encontre um lugar tranquilo, livre de distrações. Pode ser um canto silencioso em sua casa, um espaço ao ar livre ou mesmo um lugar especial em sua mente.
2. Respiração: Comece com respirações profundas para ajudar a acalmar a mente e o corpo. Isso facilitará a entrada em um estado mais focado e relaxado.
3. Clareza: Tenha clareza sobre o que deseja visualizar. Imagine o corpo que sempre quis ter, cada parte do seu corpo como sempre almejou, imagine uma versão mais saudável de si mesmo, um evento específico no qual você se sente bem em seu corpo, ou qualquer outro cenário que represente o seu objetivo.
4. Envolva Todos os Sentidos: Não se limite apenas ao que vê. Imagine os sons, os cheiros, as sensações táteis e as emoções associados à sua visualização.
5. Repetição: A visualização criativa se torna mais potente quando é uma prática regular. Reserve um tempo, pode ser de três minutos a cinco minutos todos os dias, para focar nessa atividade.
6. Ação: A visualização, por si só, é poderosa. Mas ela se torna transformadora quando seguida de ação. Use a motivação e a energia geradas por sua visualização para dar os passos necessários em direção ao corpo que deseja alcançar.

A mente tem um papel crucial no processo de emagrecimento. Ao compreender e aplicar técnicas como a visualização criativa, você não apenas prepara o seu cérebro para o sucesso, mas também cria uma fundação sólida que permeia todos os aspectos de sua jornada para uma vida mais saudável, desde uma alimentação equilibrada até um sono de qualidade. E, com o tempo, essa prática pode se tornar um guia interno, mostrando o caminho para um futuro mais brilhante e saudável. Aplique-a o mais rápido possível em seu dia a dia.

A visualização criativa é uma ferramenta poderosa para moldar a mente e alcançar metas de saúde e bem-estar. A seguir temos um exercício detalhado de visualização criativa que você pode começar a aplicar em seu dia a dia para potencializar seus objetivos em relação a alcançar um corpo ideal:

EXERCÍCIO : VISUALIZAÇÃO DO CORPO IDEAL

Passo 1. Preparação: Escolha um local tranquilo onde você não será interrompido. Sente-se confortavelmente ou deite-se.

Passo 2. Relaxamento: Feche os olhos e faça algumas respirações profundas. Concentre-se em relaxar cada parte do seu corpo, da cabeça aos pés.

Passo 3. Visualização: Imagine o corpo que você deseja alcançar. Veja-se com clareza, como se estivesse olhando em um espelho. Observe cada detalhe: a postura, o sorriso, a energia.

Passo 4. Engajamento Sensorial: Sinta a sensação de bem-estar e saúde em seu corpo. Imagine a textura das roupas que está usando, os cheiros ao seu redor, os sons do ambiente. Sinta a alegria e a confiança emanando de sua imagem idealizada.

Passo 5. Reforço Positivo: Diga a si mesmo afirmações positivas como "Eu sou capaz de alcançar a saúde e o corpo que desejo".

Passo 6. Conclusão: Respire profundamente algumas vezes e abra os olhos, levando essa imagem positiva e sentimentos consigo.

Repita o exercício sempre que possível e, quando menos esperar, aquilo que você visualizava terá se tornado realidade.

O PROGRAMA DE MENTORIA ONLINE "A ROTA" TEM SIDO UM FAROL PARA MUITOS QUE BUSCAVAM UMA TRANSFORMAÇÃO COMPLETA, TANTO FÍSICA QUANTO MENTAL.

EXEMPLOS DE TEORIAS REPROGRAMADAS

HISTÓRIAS INSPIRADORAS DE ALUNOS QUE TRANSFORMARAM SUAS VIDAS ATRAVÉS DA REPROGRAMAÇÃO DE TEORIAS

A viagem da transformação interna, muitas vezes, começa com histórias que nos inspiram. A seguir, aprofundaremos na vida de três alunos da minha mentoria A ROTA, revelando os detalhes de suas jornadas para enfrentar e superar teorias limitantes, pavimentando seu caminho para o emagrecimento e uma vida mais saudável.

CLARA: DA RESIGNAÇÃO À RESILIÊNCIA

Natural de Belo Horizonte, Clara sempre foi uma mulher vibrante e cheia de vida. Trabalhava como professora do ensino fundamental e amava passar tempo com sua família, especialmente seus dois filhos pequenos. No entanto, havia uma sombra que pairava sobre sua alegria: o seu peso.

Desde a adolescência, Clara lutava com o excesso de peso e sua família, que tinha uma predisposição genética para a obesidade, reforçava a crença de que ela estava destinada a ser assim. "É da nossa família, querida, aceite isso", dizia sua mãe.

Entretanto, um incidente na escola, no qual um aluno fez um comentário insensível sobre seu tamanho, atuou como um ponto de virada para Clara. Ela já havia ouvido falar de mim e dos meus programas e decidiu me procurar. Em nosso processo, ensinei a ela sobre o poder das afirmações positivas e da reprogramação mental. Clara começou a escrever em um diário, questionando as suas teorias e visualizando-se mais magra e saudável. Sua rotina incluía exercícios regulares, mudanças na alimentação e momentos de meditação.

Após quatro meses de dedicação, Clara perdeu 27 quilos e, mais do que isso, ganhou uma nova perspectiva sobre si mesma e sua capacidade de mudar.

RAFAEL: O CÉTICO QUE ENCONTROU CLAREZA

Rafael, um engenheiro de São Paulo, sempre se orgulhou de sua abordagem lógica e pragmática da vida. No entanto, essa lógica não se aplicava quando se tratava de seu peso e saúde. Com cada nova dieta ou regime de exercícios, ele se frustrava rapidamente, caindo de volta em velhos hábitos e reforçando a teoria de que nada funcionava para ele.

A mudança para Rafael começou com um aulão que fiz em São Paulo. Inicialmente cético, ele foi tocado pela agitação e clareza que sentiu após a aula, percebendo que sua abordagem em relação ao emagrecimento estava focada apenas na alimentação e não envolvia os treinos e as barreiras mentais e emocionais.

Com o meu auxílio, Rafael incorporou práticas de mindfulness e treinos em sua vida. Ele aprendeu a se desligar dos julgamentos e a ouvir seu corpo. Em seis meses, Rafael não apenas alcançou o seu peso ideal, mas também adotou um estilo de vida equilibrado e saudável, integrando mente, corpo e espírito.

BEATRIZ: DE VÍTIMA A VITORIOSA

Nascida no Rio de Janeiro, Beatriz cresceu em um ambiente familiar tumultuado. A comida tornou-se o seu refúgio durante os momentos mais difíceis. Apesar de ser uma advogada bem-sucedida, sua autoestima estava no chão e ela constantemente se autossabotava em sua jornada para emagrecer.

Ao se juntar ao meu grupo A ROTA, focado em reprogramação mental, Beatriz foi apresentada a técnicas de visualização criativa. Ela começou a visualizar sua vida não como um conjunto de traumas passados, mas como um futuro cheio de possibilidades. Cada sessão de terapia coletiva (encontros ao vivo quinzenais), cada exercício de visualização e cada diário que ela escrevia, ajudava-a a desfazer anos de teorias limitantes.

Hoje, Beatriz não só atingiu seu peso desejado como também incluiu toda a família em nosso grupo, levando aos filhos e ao marido o processo que transformou a vida dela em definitivo.

Essas histórias nos mostram que as teorias não são apenas pensamentos passageiros; elas moldam a nossa realidade. No entanto, com a combinação certa de introspecção, ferramentas e apoio, podemos reescrever o nosso script interno e, consequentemente, transformar as nossas vidas. Clara, Rafael e Beatriz são testemunhos vivos de que o poder da mudança começa na mente.

ESTUDOS DE CASO DE SUCESSO: COMO A MUDANÇA DE MENTALIDADE LEVOU A TRANSFORMAÇÕES FÍSICAS NOTÁVEIS

O programa de mentoria online "A ROTA" tem sido um farol para muitos que buscavam uma transformação completa, tanto física quanto mental. As estratégias integradas de treino, alimentação e reprogramação mental mostraram ser a combinação perfeita para se alcançar o emagrecimento e bem-estar duradouros. A seguir veremos algumas histórias inspiradoras de alunos que, com a ajuda da mentoria, transformaram suas vidas:

LÚCIA: O DESPERTAR DO AUTOCONHECIMENTO

Antes de conhecer "A ROTA", Lúcia pulava de uma dieta para outra sem sucesso duradouro. A teoria de que o sobrepeso era um traço genético a mantinha em um ciclo de tentativas e falhas. Porém, ao se inscrever na mentoria, a abordagem holística do programa a intrigou.

Durante os encontros quinzenais ao vivo, Lúcia teve a oportunidade de compartilhar as suas inseguranças e foi então que descobriu barreiras emocionais antigas relacionadas à sua autoimagem. Com as técnicas de reprogramação mental ensinadas no programa e o suporte da comunidade, ela começou a desafiar suas teorias limitantes. Combinando isso com os treinos e uma alimentação específica, Lúcia viu uma transformação notável: 15kg a menos e uma autoestima revitalizada.

PEDRO: EQUILÍBRIO ATRAVÉS DO SONO E DA DISCIPLINA

O estresse e a falta de sono eram constantes na vida de Pedro. Ele tentava compensar com dietas rigorosas e treinos intensos, porém, o progresso era lento. Quando conheceu "A ROTA", a ênfase no sono de qualidade e na reprogramação mental o atraiu.

Através dos encontros quinzenais ao vivo, Pedro aprendeu sobre a ligação entre sono e emagrecimento e como as suas teorias sobre "trabalhar até tarde" estavam prejudicando a sua saúde. Com treinos adaptados à sua rotina e um plano de dieta que o ajudava a maximizar sua energia, ele perdeu 17kg em dois meses. Mais do que isso, Pedro adquiriu uma nova perspectiva sobre sua vida.

MARIANA: REDESCOBRINDO-SE APÓS UMA LESÃO

Mariana estava perdida após uma lesão que encerrou sua carreira de atleta. A depressão e o ganho de peso pareciam incontroláveis. Entretanto, "A ROTA" lhe ofereceu um caminho claro e estruturado.

Nos encontros ao vivo, Mariana foi apresentada ao conceito de neuroplasticidade e como poderia usá-la para superar o seu trauma e reinventar a sua relação com o seu corpo. Utilizando as técnicas de reprogramação mental do programa, ela estabeleceu novas crenças sobre a sua capacidade de superação. Combinando isso com os treinos e a dieta do programa, Mariana não só perdeu peso como também construiu uma nova carreira como treinadora.

O programa "A ROTA" não é apenas um guia para emagrecimento, trata-se de uma jornada de autodescoberta e transformação. Através de treinos especializados, alimentação equilibrada e, principalmente, técnicas de reprogramação mental, alunos como Lúcia, Pedro e Mariana encontraram um caminho para o emagrecimento, a saúde, o bem-estar e uma vida mais plena. Eles são prova de que, com as ferramentas e a orientação certas, qualquer um pode superar obstáculos e alcançar os seus objetivos.

CAPÍTULO 4

TEORIAS CULTIVADAS NA INFÂNCIA E COMO SUPERÁ-LAS

A infância é um período fundamental na formação do nosso caráter, da nossa personalidade e, é claro, de nossas teorias. Durante esses primeiros anos, somos como esponjas, absorvendo as mensagens, os valores e as teorias daqueles ao nosso redor. À medida que crescemos, essas teorias se solidificam, guiando muitas de nossas ações e decisões, inclusive as relacionadas ao nosso corpo, saúde e bem-estar.

ORIGENS DAS TEORIAS INFANTIS

Explorar as origens das teorias infantis revela caminhos intrincados que moldam nossas percepções sobre nós mesmos, especialmente em relação à comida, ao corpo e à saúde. Essas percepções, enraizadas desde os primeiros anos de vida, são influenciadas por uma interação complexa de fatores ambientais, familiares e culturais.

Uma das principais fontes de formação dessas teorias é o ambiente familiar. Os comentários e atitudes dos pais ou cuidadores sobre seus próprios corpos, alimentação e aparência têm um impacto significativo. Frases aparentemente inocentes, como "Não sou bom em esportes" ou "Em nossa família, todos têm um corpo assim", penetram profundamente em nossa psique, moldando nossas crenças sobre nós mesmos e nosso potencial.

Além disso, as experiências escolares desempenham um papel crucial. Bullying e comentários negativos sobre a aparência de colegas ou professores deixam marcas duradouras na autoimagem e nas teorias relacionadas à capacidade de mudança e adaptação. Essas experiências podem gerar inseguranças e reforçar percepções negativas sobre si mesmo.

A influência da mídia e da cultura popular também é significativa. Desde cedo, somos expostos a imagens de corpos "ideais", muitas vezes inatingíveis e irreais, que estabelecem padrões de beleza e normas culturais. Essas representações alimentam expectativas distorcidas sobre como devemos nos parecer e nos comportar, reforçando teorias prejudiciais sobre nossa própria imagem e valor.

No entanto, desafiar e superar essas teorias infantis é possível com conscientização e esforço deliberado. O reconhecimento é o primeiro passo. Identificar e compreender as teorias limitantes que foram internalizadas requer introspecção e, às vezes, orientação profissional. Uma vez identificadas, é crucial questionar a validade dessas teorias, desafiando-as com perguntas como "Isso é realmente verdade?" e "Há evidências que respaldam essa teoria?".

Afirmações positivas e visualização criativa são ferramentas poderosas para reestruturar a mentalidade e cultivar uma autoimagem mais positiva e capacitadora. Substituir pensamentos negativos por afirmações fortalecedoras e visualizar-se superando obstáculos e alcançando objetivos contribui para a construção de uma nova narrativa pessoal baseada na confiança e na autoaceitação.

Além disso, educar-se sobre nutrição, saúde e bem-estar é fundamental para desafiar teorias antigas e adotar uma abordagem mais informada e consciente em relação à alimentação e ao cuidado com o corpo. Programas educacionais, como a mentoria online "A ROTA", oferecem recursos e estratégias para a reprogramação mental, capacitando os indivíduos a reformularem sua relação com a comida, o corpo e a saúde.

Em resumo, as teorias formadas na infância têm raízes profundas e impactam vários aspectos de nossas vidas. No entanto, com consciência, dedicação e as ferramentas certas, é possível desafiar e superar essas teorias, criando uma mentalidade mais positiva e capacitadora. Ao fazer isso, abrimos portas para um futuro mais saudável e satisfatório, tanto fisicamente quanto mentalmente.

DESAFIANDO E SUPERANDO AS TEORIAS INFANTIS

O primeiro passo nessa jornada é o reconhecimento dessas teorias enraizadas. Essa fase pode exigir uma introspecção considerável e, por vezes, o auxílio de um profissional para ajudar a identificar e compreender essas teorias limitantes que foram internalizadas ao longo dos anos.

Uma vez que essas crenças são trazidas à luz, o próximo passo é questionar a sua validade. É crucial perguntar-se: "Isso é realmente verdade? Existem evidências concretas que suportam essa crença, ou ela se baseia em percepções distorcidas?" Essa fase de questionamento é vital para desmantelar as falsas verdades que construímos sobre nós mesmos e o mundo ao nosso redor.

Além de questionar, o uso de afirmações positivas surge como uma ferramenta poderosa para reconstruir nossa mentalidade. Por exemplo, substituir um pensamento limitante como "Eu nunca serei magro porque ninguém em minha família é" por uma afirmação capacitadora como "Eu tenho o poder de moldar meu corpo e minha saúde através de minhas escolhas e ações" pode ter um impacto transformador.

Outra técnica valiosa é a visualização criativa. Imaginar-se superando antigas limitações e visualizar-se saudável, ativo e feliz pode não apenas motivar, mas também reestruturar mentalmente os caminhos para alcançar esses objetivos. O processo de visualização ajuda a estabelecer um plano claro e atingível para a superação de obstáculos.

A educação também desempenha um papel crucial nesse processo. Adquirir novos conhecimentos, especialmente em áreas como saúde, nutrição e bem-estar, pode desafiar e mudar antigas crenças. Programas de mentoria e cursos atualizados, como o programa online "A ROTA", são essenciais, pois fornecem informações e técnicas novas para a reprogramação mental.

Ao longo desta obra, enfatizamos que as teorias formadas na infância são profundamente enraizadas e afetam muitos aspectos de nossas vidas. No entanto, com conscientização, dedicação e as ferramentas apropriadas, é possível superar essas teorias limitantes e cultivar uma mentalidade mais positiva e capacitadora. Ao fazer isso, não apenas abrimos portas para um futuro mais saudável fisicamente, mas também mental e emocionalmente. É vital lembrar, na jornada de emagrecimento e autoaceitação, que temos a capacidade de reescrever nossa história e moldar nosso próprio destino.

COMO AS EXPERIÊNCIAS DE INFÂNCIA MOLDAM NOSSAS TEORIAS SOBRE COMIDA, CORPO E SAÚDE

Mergulhar nas profundezas de nossas memórias de infância pode revelar muito sobre as atitudes atuais que temos em relação à comida, ao nosso corpo e à saúde em geral. A infância é, sem dúvida, uma fase formativa, na qual os alicerces de nossas teorias e percepções sobre muitos aspectos da vida são estabelecidos. Compreender esse período é crucial para desvendar os enigmas de nossos comportamentos e escolhas atuais, especialmente em relação às nossas práticas alimentares e concepções corporais.

Desde cedo, muitos de nós aprendemos a associar comida com recompensa ou consolo. Essa associação começa talvez no momento em que, ao sofrermos uma queda, nos oferecem um doce para "curar" a dor, ou quando recebemos nossa sobremesa favorita como prêmio por boas notas na escola. Tais práticas, repetidas ao longo do tempo, nos condicionam a buscar a comida não por fome física, mas como uma forma de satisfação emocional.

Adicionalmente, os comentários e atitudes dos pais, avós ou outros membros da família sobre nossos corpos e os deles, ou mesmo sobre a comida, deixam marcas duradouras. Expressões como "Você tem ossos largos, assim como sua tia" ou "Os homens da nossa família sempre têm barriga" plantam sementes de teorias fatalistas sobre genética e destino. Outros comentários, tais como "Não coma muito, senão vai ficar gordo", associam a alimentação a uma fonte de ansiedade e culpa.

A pressão para se encaixar em ideais estéticos também é uma realidade intensa, alimentada por programas de televisão, revistas e comentários de colegas, que criam uma pressão quase insustentável para nos moldarmos a uma determinada imagem. A teoria de que só somos aceitáveis ou amados se parecermos de certa maneira é profundamente internalizada durante esse processo, influenciando drasticamente nossa autoimagem e autoestima.

Além disso, muitas famílias e culturas enfatizam a refeição como uma atividade social central. Grandes encontros festivos, nos quais é esperado que todos se sirvam generosamente, podem criar uma relação de excesso com a comida, onde comer muito é visto como parte da celebração e um gesto de participação comunitária.

Por outro lado, as mensagens sobre alimentação e corpo são frequentemente contraditórias. Enquanto em casa uma criança pode ser incentivada a "limpar o prato", fora dela, a mesma criança recebe constantes mensagens da sociedade para se manter magra e em forma. Essas mensagens contraditórias, muitas vezes, geram confusão e ansiedade em relação à comida e à imagem corporal.

Importante também é o papel da educação e da conscientização sobre nutrição e saúde, que muitas vezes não são abordadas de maneira adequada durante a infância. Sem uma base sólida de conhecimento, pode ser difícil para uma pessoa navegar no complexo mundo da alimentação e da saúde à medida que cresce.

Reconhecer e entender essas influências desde os primeiros anos de vida é o primeiro passo para começar o processo de desaprender as teorias limitantes e substituí-las por abordagens mais saudáveis e positivas. Com as ferramentas e estratégias adequadas, como as oferecidas em programas especializados como "A ROTA", é possível reformular nossa relação com a comida, nosso corpo e nossa saúde de maneira mais construtiva e sustentável.

Ao refletir sobre como as experiências de infância moldam nossas teorias sobre comida, corpo e saúde, percebemos que nossos comportamentos atuais não surgem do nada. Eles são o resultado de anos de influências, observações e mensagens, muitas vezes não questionadas ou refletidas. Portanto, ao revisitar e revisar essas teorias antigas, temos a oportunidade de estabelecer novos padrões e práticas que podem levar a uma vida mais saudável e equilibrada.

ESTRATÉGIAS PARA DESFAZER TEORIAS NEGATIVAS ENRAIZADAS DESDE A INFÂNCIA

As teorias adquiridas na infância são especialmente poderosas, pois são formadas num período crítico do desenvolvimento do nosso cérebro. Essas teorias moldam a nossa percepção de nós mesmos, do mundo ao nosso redor e, especificamente, da nossa relação com a comida e com o corpo. Se essas teorias forem negativas ou autolimitadas, podem ser uma barreira significativa para alcançar os nossos objetivos de saúde e emagrecimento. Vamos explorar estratégias práticas para desvendar e reformular essas teorias, criando uma mentalidade mais positiva e saudável.

1. Autoconsciência e Reflexão

Antes de desfazer uma teoria, você deve primeiro identificá-la. Dedique um tempo para refletir sobre a sua história pessoal e reconhecer quais teorias podem estar influenciando sua relação com a comida e com o corpo. Pergunte a si mesmo: "Quais mensagens eu recebi sobre comida e corpo enquanto crescia? Como elas afetam minhas escolhas e percepções agora?"

2. Desafio e Questionamento

Uma vez identificadas as teorias, desafie-as. Pergunte-se: "Essa teoria é verdadeira? Baseia-se em fatos ou em percepções e emoções?" Por exemplo, se a teoria for "Eu sempre serei gordo porque todos na minha família são", considere se essa é uma verdade biológica absoluta ou se existem outros fatores em jogo.

3. Reconstrução de Narrativas

Reescreva a história que você conta a si mesmo. Em vez de "Eu sempre falho em dietas", diga "No passado, eu não tive as ferramentas certas para ter sucesso, mas agora estou aprendendo e crescendo com 'A ROTA'".

4. Prática de Afirmações Positivas

Como discutido anteriormente, as afirmações positivas são ferramentas poderosas. Crie afirmações que contradigam diretamente suas teorias limitantes e pratique-as diariamente.

5. Visualização

Imagine-se livre das teorias limitantes. Como você se sente? O que está fazendo? Onde está? Essa visualização ajuda a solidificar um futuro sem as amarras das teorias negativas.

6. Terapia e Aconselhamento

   Em muitos casos, trabalhar com um profissional pode ser benéfico. Um terapeuta pode ajudar a identificar, desafiar e reformular as teorias negativas de uma forma mais estruturada. Por isso inclui terapias coletivas e individuais na mentoria "A ROTA".

7. Eduque-se

   À medida que adquire mais conhecimento sobre alimentação, saúde e bem-estar, muitas teorias antiquadas e equivocadas são naturalmente desafiadas. A minha mentoria "A ROTA" é um excelente recurso para isso, fornecendo não só informações valiosas, mas também suporte e orientação.

8. Crie Novos Hábitos e Rotinas

   Muitas vezes, as teorias são reforçadas por comportamentos repetitivos. Ao criar novos hábitos e rotinas, você começa a quebrar o ciclo e a estabelecer novas crenças positivas.

Desfazer teorias negativas enraizadas na infância pode parecer uma tarefa assustadora, mas com dedicação, introspecção e as ferramentas certas, torna-se absolutamente possível. Ao trabalhar ativamente para identificar e reformular essas teorias, você cria uma fundação mais saudável e positiva para a sua jornada de emagrecimento e bem-estar.

AS TEORIAS ADQUIRIDAS NA INFÂNCIA SÃO ESPECIALMENTE PODEROSAS, POIS SÃO FORMADAS NUM PERÍODO CRÍTICO DO DESENVOLVIMENTO DO NOSSO CÉREBRO.

CAPÍTULO 5

RESISTÊNCIA À MUDANÇA: SUPERANDO BARREIRAS PSICOLÓGICAS

A jornada para o emagrecimento e bem-estar é frequentemente percebida como uma transformação física. No entanto, é igualmente uma evolução mental, muitas vezes marcada por barreiras psicológicas que parecem intransponíveis. Medo, dúvida e autossabotagem podem surgir como obstáculos formidáveis na busca por objetivos de saúde e forma física. Iremos mergulhar nas raízes da resistência à mudança e oferecer estratégias práticas para superar tais barreiras psicológicas, facilitando uma transformação abrangente.

Compreender a resistência é o primeiro passo crucial. É importante reconhecer que a resistência é uma reação natural do cérebro, que tende a buscar conforto e evitar o desconhecido. Aceitar isso pode ajudar a perdoar-se pelos momentos de resistência, vendo-os como uma parte normal do processo de mudança. Essa compreensão desmistifica as dificuldades e prepara o terreno para uma abordagem mais amigável e paciente consigo mesmo.

A identificação das barreiras pessoais é outro passo vital. Questionar-se sobre o que especificamente impede o progresso ou o que gera medo pode revelar muito sobre as barreiras internas que precisam ser enfrentadas. Tal autoquestionamento ajuda a desmontar essas barreiras, peça por peça, proporcionando um caminho claro para a superação.

Reformular os pensamentos é uma técnica poderosa nesse processo. Muitas vezes, resistimos devido a teorias limitantes ou percepções negativas que temos sobre nós mesmos. Por exemplo, transformar o pensamento "Emagrecer é muito difícil para mim" em "Cada passo que dou em direção ao meu objetivo me torna mais forte" pode alterar significativamente a nossa mentalidade e motivar a ação.

Estabelecer metas claras e atingíveis também pode ajudar a superar grandes barreiras psicológicas, especialmente a sensação de sobrecarga. Metas pequenas e bem definidas oferecem um senso de realização contínuo, que combate a resistência e promove um progresso constante.

A gentileza consigo mesmo é fundamental, especialmente nos dias em que a resistência parece insuperável. Praticar a autocompaixão e reconhecer que a perfeição não é o objetivo, mas sim o progresso, é essencial para manter o ânimo e a resiliência.

O suporte externo, seja através de uma comunidade ou de programas de mentoria como "A ROTA", também desempenha um papel crucial. Ter alguém para compartilhar as dificuldades e sucessos pode diminuir significativamente a sensação de isolamento e reforçar a perseverança.

Além disso, praticar técnicas de reprogramação mental, como meditação, visualização e afirmações positivas, ajuda a superar barreiras psicológicas. Essas técnicas permitem uma reconexão com os objetivos pessoais e reduzem o poder da resistência.

Por fim, celebrar cada vitória no processo de superação de barreiras é essencial. Cada pequeno sucesso serve como um lembrete de que é possível vencer a resistência e deve ser celebrado como tal. Essas celebrações fortalecem a determinação e reforçam a crença na capacidade de alcançar o sucesso desejado.

A resistência à mudança, embora seja uma realidade comum, não é insuperável. Reconhecendo e entendendo nossas barreiras psicológicas, e equipando-nos com as ferramentas certas e suporte adequado, podemos enfrentar e superar esses desafios. Isso pavimenta o caminho para uma jornada de emagrecimento e bem-estar bem-sucedida, onde a transformação física é acompanhada por um crescimento mental igualmente importante.

LIDANDO COM O MEDO DO SUCESSO E DO FRACASSO

O medo, muitas vezes camuflado sob diversas máscaras, emerge como uma das maiores barreiras no caminho para um emagrecimento saudável e duradouro. Entre esses temores, dois se destacam por sua prevalência e complexidade: o medo do sucesso e o medo do fracasso. Embora possam parecer contraditórios à primeira vista, na verdade, representam as duas faces da mesma moeda, influenciando profundamente a jornada de quem busca perder peso de maneira sustentável.

O medo do fracasso é talvez o mais comum e palpável entre aqueles que iniciam uma jornada de emagrecimento. Esse temor frequentemente tem suas raízes em experiências passadas de tentativas de emagrecimento que não foram bem-sucedidas, criando uma crença limitante de que "sempre será assim". A pressão social para atingir certos padrões estéticos e as teorias internalizadas durante a infância também contribuem para fortalecer esse medo. O impacto disso na jornada de emagrecimento é significativo, pois a sombra do fracasso pode impedir a pessoa de tentar novas abordagens, seguir conselhos ou investir totalmente em sua própria transformação.

Por outro lado, o medo do sucesso, embora menos intuitivo, é igualmente paralisante. Muitos podem achar estranho ter medo do sucesso, mas para algumas pessoas, as mudanças que acompanham o sucesso trazem consigo um conjunto de expectativas elevadas e novas responsabilidades que podem parecer avassaladoras. Esse medo geralmente surge da incerteza sobre como lidar com um "novo eu", das preocupações sobre como os outros reagirão à mudança, ou mesmo do temor de não ser capaz de manter os novos padrões alcançados. Esse tipo de medo pode levar à autossabotagem, pois o sucesso implica mudanças desconhecidas que podem ser intimidadoras.

Para enfrentar esses medos, várias estratégias podem ser adotadas. O primeiro passo é o reconhecimento do medo. Ser honesto consigo mesmo sobre o que realmente sente é crucial para começar a lidar com esses temores. A partir daí, é importante revisitar e desafiar as teorias limitantes que alimentam esses medos, trabalhando com programas de mentoria como "A ROTA" para reconhecer que o passado não define o futuro.

Estabelecer metas progressivas pode também ser uma abordagem eficaz. Em vez de se concentrar no quadro geral, que pode ser avassalador, definir e celebrar pequenas conquistas ajuda a construir confiança e a manter o foco no progresso. A visualização do sucesso é outra técnica útil; imaginar-se alcançando os objetivos pode ajudar a tornar o sucesso algo mais familiar e, consequentemente, menos ameaçador.

Além disso, buscar apoio é essencial. Compartilhar medos e inseguranças dentro de um ambiente de mentoria proporciona não apenas alívio emocional, mas também aprendizado com as experiências de outros que enfrentaram desafios semelhantes. A vulnerabilidade compartilhada fortalece as conexões humanas e fornece suporte emocional.

Por fim, não se pode subestimar o valor do sono de qualidade. Como destacado em todo o discurso, estar bem descansado aumenta a resiliência emocional e reduz o impacto dos medos e inseguranças. Um bom sono proporciona a clareza mental necessária para enfrentar e desafiar as crenças limitantes. Abordaremos esse tema com mais profundidade mais à frente.

Reconhecer e enfrentar os medos e inseguranças é essencial para qualquer pessoa que busque o sucesso e o bem-estar na sua jornada de emagrecimento. Equipados com as ferramentas e estratégias corretas, e com o apoio adequado, é possível superar tanto o medo do sucesso quanto o do fracasso. Esta compreensão e determinação abrem o caminho para uma vida mais saudável e gratificante.

ESTRATÉGIAS PARA ENFRENTAR A RESISTÊNCIA À MUDANÇA E MANTER O PROGRESSO

O caminho para alcançar metas relacionadas à saúde e ao emagrecimento está repleto de desafios. Mais do que desafios físicos, muitas vezes os obstáculos são internos, originados de medos, crenças e padrões habituais. Aqui, vamos aprofundar as estratégias para superar esses bloqueios internos, dando ênfase especial ao papel vital do sono de qualidade.

MEDITAÇÃO E MINDFULNESS: ACALMANDO A MENTE PARA PROMOVER A ACEITAÇÃO E A MUDANÇA

Em nossa sociedade acelerada e frequentemente estressante, a busca por tranquilidade mental e equilíbrio emocional tornou-se imperativa. O emagrecimento, embora possa parecer principalmente uma jornada física, é, em muitos aspectos, uma jornada mental e emocional. Aqui, vamos mergulhar nos conceitos de meditação e mindfulness e entender como eles podem ser instrumentos valiosos para cultivar uma mente calma, maior aceitação e uma mudança eficaz na jornada do emagrecimento.

O QUE SÃO MEDITAÇÃO E MINDFULNESS?

- Meditação é uma prática ancestral que envolve a concentração, a respiração e a quietude para alcançar estados elevados de consciência e tranquilidade. Embora existam várias formas de meditação, o objetivo principal é silenciar a mente, reduzindo o fluxo constante de pensamentos e inquietações.
- Mindfulness, ou atenção plena, é a prática de estar totalmente presente no momento atual, consciente de nossos pensamentos, sentimentos, sensações corporais e do ambiente ao nosso redor, sem julgamento. É uma forma de meditação em si, mas também pode ser aplicada em todas as atividades diárias.

COMO A MEDITAÇÃO E O MINDFULNESS AFETAM O EMAGRECIMENTO?

A prática da meditação e do mindfulness pode ter um impacto significativo no processo de emagrecimento, influenciando diversos aspectos relacionados ao comportamento alimentar e ao bem-estar emocional:

Primeiramente, a meditação e o mindfulness são eficazes na redução do estresse. O estresse crônico está associado a padrões de alimentação desordenados e escolhas alimentares inadequadas. Ao reduzir os níveis de cortisol, o hormônio do estresse, a meditação facilita a tomada de decisões alimentares mais conscientes e saudáveis. Isso pode ajudar a evitar episódios de compulsão alimentar e a reduzir o consumo de alimentos não saudáveis.

Além disso, a prática regular da atenção plena desenvolve uma maior consciência corporal. Isso significa que você se torna mais consciente das sensações físicas do seu corpo, incluindo fome, saciedade e outros sinais que indicam as necessidades do seu corpo. Essa consciência corporal pode ajudar a evitar a superalimentação e a comer de forma mais equilibrada, pois você reconhece mais facilmente quando está satisfeito e não precisa mais comer.

Outro benefício da meditação e do mindfulness é a capacidade de lidar com as emoções de forma saudável. Muitas vezes, recorremos à comida como uma forma de lidar com emoções negativas, como estresse, ansiedade ou tristeza. No entanto, a meditação oferece uma maneira alternativa de processar essas emoções, permitindo que você as observe sem julgamento e as deixe passar sem reagir impulsivamente. Isso pode reduzir os episódios de comer emocional e promover uma relação mais equilibrada com a comida.

Além disso, a meditação também está relacionada a uma melhora na qualidade do sono. Um sono de qualidade é crucial para o emagrecimento, pois afeta os hormônios que regulam o apetite e o metabolismo. A meditação pode ajudar a acalmar a mente e relaxar o corpo, preparando-o para um descanso mais profundo e restaurador, o que, por sua vez, pode promover um metabolismo mais eficiente e a perda de peso.

Em resumo, a meditação e o mindfulness podem influenciar positivamente o processo de emagrecimento, ajudando a reduzir o estresse, promover uma consciência corporal mais aguçada, lidar com as emoções de forma saudável e melhorar a qualidade do sono. Integrar essas práticas em sua rotina diária pode ser uma estratégia eficaz para alcançar e manter um peso saudável e um estilo de vida equilibrado.

INCORPORANDO A MEDITAÇÃO E O MINDFULNESS EM SUA JORNADA:

Incorporar a meditação e o mindfulness em sua jornada de emagrecimento pode ser um passo significativo rumo ao bem-estar holístico. Aqui estão algumas dicas para ajudá-lo a integrar essas práticas de forma eficaz em sua rotina:

Comece pequeno. Se você é novo na meditação, não se sobrecarregue. Comece com sessões curtas de cinco a dez minutos e aumente gradualmente à medida que se sentir mais confortável e confiante em sua prática.

Concentre-se em sua respiração. Durante sua meditação, concentre-se em sua respiração. Inspire e expire lentamente, prestando atenção plena a cada respiração. Use sua respiração como uma âncora para o momento presente, permitindo que ela o guie de volta ao agora sempre que sua mente vagar.

Pratique regularmente. Assim como qualquer habilidade, a meditação requer prática regular para colher seus benefícios. Reserve um tempo consistente todos os dias para se dedicar à sua prática de meditação, mesmo que seja apenas por alguns minutos. A consistência é fundamental para desenvolver uma prática significativa e sustentável.

Traga mindfulness para suas refeições. Durante as refeições, pratique estar presente. Sinta o sabor, a textura e o aroma dos alimentos enquanto você os consome. Mastigue lentamente e aprecie cada mordida. Ao trazer atenção plena para suas refeições, você pode aumentar sua consciência sobre o que está comendo e desenvolver uma relação mais saudável com a comida.

Aceite sem julgamento. Durante sua prática de meditação, é natural que sua mente vagueie para pensamentos ou distrações. Quando isso acontecer, simplesmente reconheça esses pensamentos e gentilmente retorne seu foco à sua respiração ou ao seu ponto de atenção. Evite se julgar por se distrair; em vez disso, aceite esses momentos sem julgamento e volte ao presente com compaixão.

Ao incorporar a meditação e o mindfulness em sua jornada de emagrecimento, você não apenas acalma sua mente, mas também cultiva uma base sólida de aceitação e autoconsciência. Essas práticas podem facilitar mudanças duradouras, promovendo um relacionamento mais saudável com a comida, o sono e seu próprio corpo. Portanto, comece a aplicar essas técnicas em sua vida diária o mais rápido possível, e observe os benefícios que elas podem trazer para sua jornada de bem-estar.

CADA PEQUENO SUCESSO SERVE COMO UM LEMBRETE DE QUE É POSSÍVEL VENCER A RESISTÊNCIA E DEVE SER CELEBRADO COMO TAL. ESSAS CELEBRAÇÕES FORTALECEM A DETERMINAÇÃO E REFORÇAM A CRENÇA NA CAPACIDADE DE ALCANÇAR O SUCESSO DESEJADO.

PARTE 2
ROTINA ORGANIZADA

O ESTRESSE E A SENSAÇÃO DE CAOS QUE ACOMPANHAM A FALTA DE ROTINA NÃO AFETAM APENAS A NOSSA SAÚDE FÍSICA, MAS TAMBÉM A NOSSA SAÚDE MENTAL.

CAPÍTULO 1

A IMPORTÂNCIA DE TER UMA ROTINA NO PROCESSO DE EMAGRECIMENTO

Há um ditado que diz: "Se você falha em planejar, está planejando falhar." No intrincado labirinto que é a jornada do emagrecimento, essa afirmação não poderia ser mais verdadeira. Para entender completamente a importância de se ter uma rotina estruturada, precisamos primeiro compreender o impacto da desordem em nossa mente e corpo.

Todos já tivemos aqueles dias - acordar tarde, pular o café da manhã, almoçar algo rápido e não saudável porque estamos atrasados para uma reunião e, quando percebemos, já são 20h e não fizemos nenhum exercício físico. O estresse e a sensação de caos que acompanham a falta de rotina não afetam apenas a nossa saúde física, mas também a nossa saúde mental.

MARIANA: DO CAOS À CLAREZA

Eu me lembro quando Mariana me procurou pela primeira vez. Seus olhos refletiam uma mistura de esperança e exaustão. "Acordei tarde de novo", ela me disse, detalhando como a luz do sol já havia invadido o quarto quando despertou e o relógio marcava 9:15 da manhã. A sensação de estar constantemente correndo e sempre atrasada a acompanhava dia após dia.

Ela contou sobre o marido, Daniel, tão envolvido em seu trabalho e preocupações que mal notava a espiral de caos em que ambos estavam imersos. O apoio mútuo e a parceria que outrora foram fortes pareciam distantes, quase como um sonho.

No entanto, o que realmente tocou meu coração foi quando Mariana falou sobre o seu desejo ardente de mudança. Ela queria ser aquele farol de saúde e energia para o seu filho, mais do que tudo, ser o exemplo para ele. Porém, a cada tentativa de iniciar uma rotina saudável, ela se via perdida em meio a tantas informações e falta de direcionamento.

Foi aí que comecei a trabalhar com Mariana. Eu sabia que, antes de tudo, precisávamos estabelecer uma rotina clara. Para muitos, a rotina pode soar como algo monótono, no entanto, sempre acreditei e testemunhei como ela pode ser libertadora.

Nossas sessões eram repletas de descobertas. Mariana começou a perceber que precisava de uma estrutura clara em sua vida. Juntos, desenhamos um plano. Desde acordar com o despertador, passando por momentos de reflexão matinal, até a importância de ter refeições balanceadas. A cada semana, Mariana trazia relatos de progressos e desafios e juntos ajustávamos o plano.

Daniel, vendo as transformações em Mariana, começou a se envolver. Eles passaram a caminhar juntos pela manhã, a preparar refeições saudáveis como uma equipe e, o mais importante, a redescobrir o amor e o apoio mútuo que haviam sido ofuscados pela rotina caótica.

Mariana me ensinou muito mais do que eu poderia imaginar. Sua jornada, repleta de altos e baixos, me mostrou a resiliência do espírito humano e a força que uma orientação clara e focada pode trazer. Ela não apenas transformou o seu corpo, mas também a sua mente, o seu relacionamento e a sua forma de ver o mundo.

A história de Mariana é um exemplo da beleza da transformação e do poder de uma orientação clara e focada. Eu me sinto honrado por ter feito parte dessa jornada.

POR QUE A ROTINA?

A rotina cria um ambiente propício à tomada de decisões saudáveis. Em vez de sermos reativos, tornamo-nos proativos. Com uma rotina, somos menos propensos a cedermos a impulsos, pois temos um plano em ação para nos manter nos trilhos, o qual, além de otimizar o nosso dia, cria uma sensação de conquista, um conhecimento interno de que estamos no controle.

Outro benefício fundamental da rotina é que ela elimina o desperdício de energia mental. Cada decisão que tomamos durante o dia consome uma parte da nossa energia mental. Com uma rotina estabelecida, minimizamos essa fadiga decisional, liberando mais energia para focar em ações que realmente importam.

Entender a importância da rotina é o primeiro passo. Ela é a base, a fundação. E como qualquer edifício forte, a fundação precisa ser sólida para que todo o restante permaneça estável. Assim, quando entrarmos nos próximos capítulos deste livro e explorarmos ações e estratégias mais específicas, você entenderá por que começamos aqui, com a essência: a rotina organizada.

A CONEXÃO ENTRE ORDEM E BEM-ESTAR

Nós, seres humanos, por natureza, buscamos equilíbrio. E a desordem? Ah, ela é uma das grandes vilãs que roubam essa harmonia, indo além do espaço físico; ela penetra em nosso íntimo, abala a nossa autoestima e nos distancia dos nossos sonhos. Em nossa jornada de emagrecimento, a organização desempenha um papel crucial e aqui está o porquê.

Cada amanhecer traz consigo o potencial de um novo começo. No entanto, o que acontece quando somos constantemente confrontados com desordens e desorganizações em nossas vidas? Imagine por um momento a diferença entre acordar em um quarto limpo e organizado versus despertar em um espaço caótico e repleto de distrações. Esse cenário não é apenas uma metáfora visual; ele reflete como a desordem influencia a nossa saúde mental e física.

A desordem diária, o acúmulo de tarefas e a desorganização de compromissos são uma fonte subestimada de estresse, permeando a nossa mente com inquietações constantes, distraindo-nos de nossos objetivos e minguando nossa energia. Pense em como você se sente quando vê uma pilha crescente de tarefas não realizadas ou um ambiente de trabalho desorganizado. A ansiedade resultante não é apenas uma emoção passageira. Ela deixa rastros físicos em nosso corpo, especialmente no equilíbrio hormonal.

O corpo reage à desordem liberando cortisol, o hormônio do estresse. Em níveis elevados e sustentados, o cortisol tem sido associado ao aumento do apetite e à preferência por alimentos ricos em calorias, levando ao acúmulo de gordura visceral - uma gordura profunda associada a problemas cardiovasculares. Além disso, ambientes caóticos podem induzir escolhas imediatistas, buscando impulsos rápidos de dopamina - o "hormônio da motivação para buscar prazer", nos distanciando de atividades benéficas a longo prazo, como os exercícios físicos, que também liberam dopamina, mas requerem mais esforço inicial.

Essa desordem diária também afeta o nosso sono, crucial para a regulação hormonal. Um sono inadequado perturba hormônios como a leptina e a grelina, que sinalizam a saciedade e a fome, respectivamente. Rotinas desorganizadas resultam em menos leptina e mais grelina, aumentando a fome e a vontade de comer. E não termina aí: o hábito de comer de maneira compulsiva, frequentemente impulsionado por um ambiente desorganizado, desencadeia picos de insulina, os quais promovem o armazenamento de gordura e causam fadiga.

Em essência, a nossa rotina e o ambiente em que vivemos são mais do que apenas cenários de fundo; são agentes ativos em nossa jornada em busca de saúde e emagrecimento. Eles têm impactos profundos em nossa mente, corpo e equilíbrio hormonal. Por isso, é essencial reconhecermos e enfrentarmos a desordem em nossa vida, não apenas para o bem-estar de nossa mente, mas para o reequilíbrio de nossa própria fisiologia.

ESTUDOS RELACIONANDO ORGANIZAÇÃO, ESTRESSE E BEM-ESTAR

À medida que nos aprofundamos no complexo mundo da psicologia humana e dos processos biológicos, é impossível ignorar a quantidade de estudos que relacionam diretamente a organização (ou a falta dela) ao nosso bem-estar físico e mental.

Em uma pesquisa publicada no "Journal of Neuroscience", cientistas investigaram a conexão entre ambientes desorganizados e a capacidade cognitiva e descobriram que indivíduos que viviam em ambientes mais desordenados tinham mais dificuldades em processar informações e se concentrar com as suas tarefas. O excesso de estímulos visuais, provenientes da desordem, sobrecarrega o córtex pré-frontal, área do cérebro responsável pelo pensamento crítico e pela tomada de decisão.

Imagine-se tentando trabalhar ou relaxar em um ambiente tumultuado, com objetos espalhados por todos os lados, pilhas de papel não resolvidas e louça suja se acumulando. Um cenário assim, comprovadamente, não apenas sobrecarrega a sua mente, mas também pode afetar a sua capacidade de processar informações e tomar decisões. A sensação é comparável a tentar ouvir uma melodia suave em um show de rock´n roll - a música suave (seus pensamentos e foco) continua lá, mas constantemente abafada pelo ruído.

A relação entre a organização, o estresse e o bem-estar também foi explorada em um estudo da "Personality and Social Psychology Bulletin". Aqui, descobriu-se que mulheres que descreviam suas casas como cheias de "projetos inacabados, desorganizadas, bagunçadas" eram mais propensas a terem níveis elevados de cortisol, o hormônio do estresse. A elevação do cortisol não apenas deixa a pessoa estressada, mas também facilita o acúmulo de gordura. Por outro lado, as que sentiam suas casas eram "organizadas e aconchegantes" mostraram níveis mais baixos desse hormônio.

O lugar que chamamos de lar, aquele espaço que deve ser o nosso refúgio, pode se tornar uma fonte contínua de estresse se não for devidamente cuidado. É como se cada item desorganizado ou cada projeto inacabado gritasse por atenção cada vez que passamos por ele, demandando nossa energia e levando ao aumento dos níveis de cortisol e afetando a nossa saúde e emagrecimento.

Por último, a "Harvard Business Review" destacou um estudo sobre a influência de ambientes de trabalho organizados na produtividade. Funcionários que mantinham seus espaços de trabalho organizados eram menos propensos a procrastinar e mostravam maior eficiência, apresentando níveis mais altos de satisfação no trabalho.

Embora muitos possam limitar a organização como algo puramente estético, é evidente que há benefícios tangíveis em mantermos nossos espaços em ordem. Não se trata apenas de ter um espaço visualmente agradável, mas sim de se criar um ambiente que otimize a nossa saúde mental, física e até mesmo profissional.

JULIANA: PERDIDA NA PRÓPRIA VIDA

Juliana sempre se orgulhou de ser multitarefa. Com dois filhos, um trabalho exigente e uma rotina doméstica, ela se movimentava a mil por hora. No entanto, por mais que tentasse, parecia que nunca conseguia se manter à frente das demandas da vida. Sua mesa de trabalho estava sempre repleta de papéis; seus compromissos eram anotados em *post-its* amarelos que cobriam todo o seu monitor; seu guarda-roupa era uma mistura de roupas limpas e sujas e sua cozinha frequentemente se encontrava cheia de louça. Mais do que isso, sua mente estava sempre agitada, pulando de uma preocupação para a próxima, como um navegador de internet com inúmeras abas abertas.

A sua vida desorganizada não afetava apenas o seu ambiente físico, mas também as suas escolhas diárias. Cada manhã começava com a sensação de estar atrasada. Em vez de preparar um café da manhã saudável, ela se apressava em pegar uma barra de cereal ou um pão de forma enquanto dirigia para o trabalho. No almoço, sempre optava por refeições rápidas e pouco saudáveis, pois, na verdade, não tinha tempo ou energia mental para escolher algo melhor.

Quanto a atividades físicas, bem, Juliana até comprou uma assinatura de academia. Porém, com a sua rotina desordenada, ela raramente encontrava tempo ou motivação para ir. E, quando o fazia, se sentia tão esgotada que mal conseguia se concentrar em seu treino. Era um ciclo vicioso: a desordem em sua vida alimentava escolhas pouco saudáveis, as quais, por sua vez, a deixavam ainda mais cansada e desmotivada.

Então, um dia, enquanto tentava encontrar um documento importante entre diversas pilhas de papéis, Juliana sentiu uma sensação avassaladora de desespero. Não era apenas sobre o documento; tratava-se da sua vida. Ela percebeu que a desordem não estava apenas à sua volta, ocorria em seu mundo interior. Suas emoções eram um turbilhão de ansiedade, culpa e frustração. Ela estava constantemente esquecendo compromissos, adiando tarefas e se sentindo sobrecarregada.

Seu relacionamento com a sua família também sofria as consequências dessa situação. Seus filhos frequentemente reclamavam de sua impaciência e seu marido tinha a sensação de conviver com uma estranha, de tão absorvida que Juliana se encontrava em seu próprio caos.

Foi quando ela me encontrou. Enquanto buscava estratégias *online* para melhorar a sua organização, Juliana encontrou um de meus artigos sobre a conexão entre bem-estar e organização. Ela me procurou, ansiosa por uma mudança. Juntos, iniciamos uma jornada para trazer ordem não apenas em seu ambiente físico, mas também em seu interior.

TAREFA: O ESPELHO DA VIDA

Quando comecei a trabalhar com Juliana, percebi que a primeira coisa que precisávamos fazer era garantir que ela entendesse o estado atual da sua vida. Antes de podermos arrumar toda a bagunça, precisamos reconhecer a desordem. Para isso, propus a Juliana uma tarefa que denominei de "O Espelho da Vida".

INSTRUÇÕES:

1. **Análise Ambiental: Observe os ambientes em que você vive: a sala, o quarto, a cozinha, o escritório, etc. Anote tudo o que incomoda você em cada um desses ambientes. Pode variar desde uma pilha de papéis na mesa até a a pia cheia de louça suja acumulada. Seja o mais detalhista possível.**

____

____

____

____

____

____

2. **Revisão de Compromissos: Pense nas últimas duas semanas. Anote todos os compromissos, reuniões, tarefas e deveres que você se esqueceu, chegou atrasado ou simplesmente evitou. Junto a cada item, escreva como você se sentiu quando isso aconteceu.**

____

____

____

____

____

____

3. Análise Emocional: Pare por um momento. Feche os olhos e pense sobre como você se sente no dia a dia. Está constantemente ansioso? Frustrado? Cansado? Ou tudo isso? Anote cada emoção, tentando ser o mais específico possível.

4. Avaliação de Rotinas: Busque em sua memória quantas vezes na última semana você comeu de forma saudável? Quantas vezes fez exercício físico? Quanto tempo gastou com atividades que realmente ama? Seja honesto consigo mesmo e faça uma lista de tudo isso.

Após Juliana completar essa tarefa, ela trouxe suas anotações para mim e, juntos, começamos a enxergar os padrões de desordem em sua vida. Foi um momento revelador para ela.

Recomendo fortemente que você, querido leitor ou leitora, faça essa mesma tarefa. Será o primeiro passo em sua jornada para uma vida mais organizada e, como resultado, alcançará um bem-estar mais aprofundado e dará início à sua jornada de emagrecimento.

IDENTIFICANDO OBSTÁCULOS À ORGANIZAÇÃO

Você já se sentiu como se estivesse constantemente nadando contra a corrente, tentando emagrecer, buscando organizar a vida, mas sempre sendo puxado de volta pelas ondas da desordem e do desânimo? Se sua resposta for sim, você não está sozinho. A vida moderna, com todas as suas demandas - filhos, cônjuge, trabalho, casa - muitas vezes parece projetada para nos manter em um estado de caos perpétuo. Adicione a isso as feridas emocionais de tentativas passadas de emagrecimento e é fácil entender por que muitos se sentem presos.

Respirando fundo, Paulo olhou ao redor do seu escritório em casa. Papéis amontoados, brinquedos das crianças espalhados e uma infinidade de canecas de café vazias cobriam a mesa. Ele sempre dizia que funcionava bem no meio da bagunça, porém, na realidade, o caos em sua mesa era apenas um reflexo da desordem em sua vida. E ele sabia disso.

Como Paulo, muitos de nós nos perdemos em meio a desculpas e justificativas que parecem legítimas, mas que apenas mascaram um medo profundo de enfrentar a realidade e fazer as mudanças necessárias.

1. "Não tenho tempo"

Para muitos, principalmente os que são pais e mães, a falta de tempo é a desculpa número um. Entre cuidar dos filhos, os compromissos de trabalho e as tentativas (muitas vezes frustradas) de ter um momento de lazer, a organização parece um sonho distante. Na realidade, essa desculpa é um reflexo de prioridades desalinhadas. Quando entendemos que organizar as nossas vidas nos poupa tempo a longo prazo, ela começa a perder o sentido.

AÇÕES PRÁTICAS:

- Determine prioridades para o seu dia.
- Elimine atividades não-essenciais.
- Estabeleça rotinas diárias para ganhar eficiência.

TAREFA:

Reserve 10 minutos antes de dormir ou ao acordar para planejar o seu dia.

Estabeleça em seguida três metas principais para o dia seguinte e concentre-se nelas.

____

____

____

____

____

____

2. "Já tentei antes e não deu certo"

Ah, o fantasma do fracasso passado! Esse temor, muitas vezes, nasce das inúmeras dietas, promessas de Ano Novo e tentativas frustradas de emagrecimento. O medo de falhar novamente pode ser paralisante, mas é crucial lembrar que cada tentativa traz consigo uma lição. Aprender com os erros e seguir em frente é a única maneira de avançar.

AÇÕES PRÁTICAS:

- Identifique as vezes em que tentou e desistiu.
- Estabeleça metas menores e mais alcançáveis.
- Peça feedback de amigos ou familiares sobre as suas tentativas anteriores.

TAREFAS:

Faça uma lista das coisas que tentou no passado e identifique onde errou.

Em seguida, dê uma solução diferente para cada uma delas.

____

____

____

____

____

____

3. "Não sou uma pessoa organizada"

A identidade que construímos para nós mesmos é poderosa. Quando alguém se vê como uma pessoa desorganizada, muda as suas ações para estar de acordo com essa autoimagem. No entanto, é essencial entender que somos seres em constante evolução. Em algum momento, precisamos decidir ser a melhor versão de nós mesmos.

AÇÕES PRÁTICAS:

- Invista em ferramentas que auxiliem na organização (agendas, aplicativos, etc.).
- Dedique um tempo semanalmente para revisão e planejamento.
- Estabeleça hábitos diários de organização, mesmo que pequenos.

TAREFAS:

Comece com pequenas áreas da sua vida. Por exemplo, organize uma gaveta hoje, amanhã pode ser uma prateleira e assim por diante.

Faça uma lista de áreas e coisas e precisam ser organizadas:

____

____

____

____

____

____

4. "Estou esperando o momento perfeito"

Seja esperar pela segunda-feira, pelo início do mês ou pelo "sinal divino", a busca pelo momento perfeito pode ser eterna. A verdade é que o momento ideal é agora. A cada dia que esperamos, mais nos afastamos de nossos objetivos e sonhos.

AÇÕES:

- Estabeleça metas diárias, independentemente das circunstâncias.
- Desenvolva a mentalidade de que toda ação é melhor que inação.
- Lembre-se de que a ação gera motivação, não o contrário.

TAREFAS:

Estabeleça uma tarefa pequena e concreta para fazer agora, neste momento. Não espere pela segunda-feira ou começo do mês.

____

____

____

____

5. "Me sinto sobrecarregado, não sei por onde começar"

Essa é uma argumentação comum, especialmente para aqueles que enfrentam transtornos como ansiedade e depressão. O sentimento de estagnação pode ser avassalador. No entanto, pequenos passos, como começar organizando uma gaveta ou estabelecendo uma única tarefa por dia, podem fazer uma diferença significativa.

AÇÕES:

- Divida tarefas grandes em menores e mais manejáveis.
- Comece pelas atividades que tenham maior impacto positivo.
- Procure inspirações externas (livros, podcasts, cursos) sobre organização e produtividade.

TAREFA:

Priorize. Responda com detalhes: "Qual é a coisa mais importante que você pode organizar ou fazer agora que terá o maior impacto?"

____

____

____

____

____

____

Paulo, ao se deparar com a realidade de suas desculpas, decidiu que era hora de uma mudança. E ela teve início com uma simples ação: limpar sua mesa de trabalho. Enquanto realizava essa tarefa, Paulo refletiu sobre os motivos por trás de sua desordem e percebeu que, mais do que organização física, ele precisava de clareza mental e emocional.

TAREFA:

Pegue um papel e uma caneta. Liste as desculpas que frequentemente dá a si mesmo e, ao lado, escreva uma ação prática imediata para combater essa desculpa. Esta atividade ajuda a entender que, muitas vezes, pequenas ações levam a grandes transformações.

____

____

____

____

____

____

A ideia é simples, mas transformadora: em vez de abordar as tarefas conforme elas surgem ou quando "parece" ser o momento certo, você dedica blocos específicos de tempo para tarefas ou atividades específicas. É a prática de direcionar foco intencional, reduzindo a dispersão e o multitarefamento.

Por exemplo: Suponhamos que você tenha as seguintes tarefas e atividades para realizar em um dia de trabalho:

1. Responder a e-mails pendentes.
2. Preparar uma apresentação para uma reunião.
3. Participar da reunião com a equipe de vendas.
4. Realizar uma chamada com um cliente potencial.
5. Estudar um novo material relacionado ao seu setor.

Em vez de abordar essas tarefas aleatoriamente, ou com base no que "parece" mais urgente naquele momento, você poderia alocar atividades específicas em sua agenda da seguinte maneira:

- 9:00 - 10:00: Responder e-mails.
- 10:00 - 12:00: Preparar a apresentação.

- 12:00 - 13:00: Almoço.
- 13:00 - 14:30: Reunião com a equipe de vendas.
- 14:30 - 15:00: Chamada com o cliente potencial.
- 15:00 - 16:30: Estudar o novo material.
- 16:30 - 17:00: Rever e responder novos e-mails ou finalizar tarefas pendentes.

Agora, você tem uma visão clara de como o seu dia vai se desenrolar. Com essa estratégia, você fica menos propenso a ser pego de surpresa por distrações ou tarefas inesperadas. Além disso, a alocação de atividades também ajuda a garantir que você dedique tempo suficiente para cada tarefa, evitando a sensação de estar sempre correndo contra o relógio.

O método de planejamento e alocação de tempo descrito aqui provou ser uma ferramenta eficiente por várias razões e pode ser exemplificado pela experiência de Lucas, que se sentia frequentemente sobrecarregado pelas demandas diárias de sua vida pessoal e profissional. Esse método elimina a necessidade constante de tomar decisões sobre o que fazer a seguir, uma fonte significativa de estresse e fadiga decisional. Ao ter um plano claro, a hesitação é removida, facilitando uma transição suave entre as tarefas e permitindo um foco mais direcionado.

Uma das maiores vantagens dessa abordagem é a redução da procrastinação. Alocar um tempo específico para cada tarefa cria um sentido de compromisso, comparável a marcar uma reunião consigo mesmo. Isso faz com que seja menos provável procrastinar ou ignorar a tarefa, pois o compromisso já está estabelecido e visualmente representado no planejamento do dia. Lucas percebeu que, ao aplicar esse método, ele não apenas completava suas tarefas mais rapidamente, mas também com maior qualidade. O foco aprimorado resulta em um trabalho de maior profundidade, um conceito conhecido como "profundidade de trabalho", que é crucial em um mundo repleto de distrações.

A aplicação prática desse método começa com a avaliação das prioridades. Lucas, por exemplo, começou listando suas responsabilidades e determinando a hierarquia de sua importância. Esse exercício inicial é essencial para entender o que realmente importa e merece maior atenção. Em seguida, o uso de ferramentas de planejamento, como agendas, aplicativos de gerenciamento de tarefas ou simples listas, pode ser extremamente útil. Lucas adotou um aplicativo que lhe permitia bloquear visualmente partes do seu dia, o que facilitava o acompanhamento de suas atividades programadas. Ferramentas como o Google Agenda também são recomendadas para essa finalidade, pois oferecem uma visão clara do dia, semana ou mês.

No entanto, a alocação de atividades não é uma ciência exata e pode requerer ajustes contínuos. À medida que Lucas aprendeu mais sobre suas próprias necessidades e ritmos, ele percebeu que era mais produtivo nas tarefas criativas pela manhã. Com essa descoberta, ele ajustou sua programação para aproveitar ao máximo sua energia matinal. A capacidade de adaptar e ajustar o planejamento conforme necessário é fundamental para manter a eficácia do método.

Mesmo com o melhor planejamento, as interrupções inesperadas são inevitáveis. Lucas aprendeu a incorporar "janelas de tempo" flexíveis em sua rotina, permitindo que ele acomodasse tarefas urgentes sem desorganizar todo o seu dia. Essa flexibilidade é crucial para lidar com imprevistos sem perder o controle do planejamento geral.

Inicialmente, Lucas sentiu que sua rotina estava rígida demais, mas com o tempo, ele compreendeu que essa estrutura na verdade oferece liberdade. Ter períodos claramente definidos para descanso e trabalho ajudou a eliminar a constante sensação de que "deveria estar fazendo algo". Esse sentimento é comum quando não há uma delimitação clara das fases de trabalho e lazer, levando a uma fusão estressante de atividades que pode parecer interminável.

Portanto, a eficiência desse método de planejamento e alocação de tempo não se resume apenas a uma melhor gestão do tempo, mas também ao aumento da qualidade de vida. Permite a Lucas e a qualquer um que adote essa abordagem lidar melhor com as exigências do dia a dia, reduzindo o estresse, melhorando o foco e a produtividade, e, finalmente, alcançando uma maior satisfação pessoal e profissional.

Ao adotar a alocação de atividades específicas, Lucas Sipriano melhorou a sua eficiência e sentiu uma maior satisfação em seu dia a dia. Ele passou de reativo a proativo, sentindo que estava, finalmente, no controle do seu tempo e da sua vida.

EXEMPLO PRÁTICO DE JANELAS DE TEMPO EM UM DIA TÍPICO

Gosto de dar exemplos de pessoas reais para que você compreenda com mais facilidade como ajustar a sua rotina.

Carla, uma aluna de Brasília, sempre teve problemas com a gestão do seu tempo. Entre as responsabilidades com os filhos, o trabalho em casa e os seus compromissos pessoais, ela frequentemente se sentia sobrecarregada e perdida. Porém, tudo começou a mudar quando ela foi introduzida ao conceito das "Janelas de Tempo".

A ideia é dividir o dia em blocos específicos, dedicando cada bloco a uma atividade ou conjunto de atividades similares. Vamos examinar como Carla implementou essa técnica em um dia típico:

- 6:00 - 6:30: Despertar e Rotina Matinal

  - Carla dedica essa primeira hora do dia para si mesma. Isso inclui atividades como meditação, alongamento ou leitura. É o momento dela se centrar antes que o dia agitado comece.

- 6:30 - 7:30: Preparativos da Manhã

  - Preparação do café da manhã.
  - Arrumar os filhos para a escola.
  - Organizar a cozinha e deixar tudo pronto para o dia.

- (7:30 - 8:00): Deslocamento para o Trabalho

  - Carla utiliza esse tempo no transporte para ouvir audiobooks ou podcasts, transformando um possível período "perdido" em uma janela de aprendizado e relaxamento.

- (8:00 - 12:00): Trabalho

  - Carla é assistente administrativa em uma empresa no centro da cidade. Carla foca em suas tarefas principais da manhã, fazendo pausas curtas para se esticar e manter sua produtividade.

- (12:00 - 13:00): Almoço e Pequena Caminhada

  - Além de se alimentar, ela aproveita para dar uma breve caminhada pelo bairro, o que ajuda a clarear a mente para a tarde.

- (13:00 - 18:00): Trabalho

  - Carla retoma as suas atividades, com pausas estratégicas. No meio da tarde, dedica alguns minutos para planejar as tarefas do dia seguinte.

- (18:00 - 19:00): Deslocamento para Casa

  - De volta ao transporte, Carla aproveita para se desligar do trabalho, ouvindo música ou meditando.

- (19:00 - 21:00): Tempo com a Família

  - Jantar, ajudar os filhos com as tarefas de casa e um momento de lazer em família.

- (21:00 - 22:30): Tempo Pessoal

  - Carla se dedica a hobbies, leitura ou simplesmente relaxar assistindo a um programa de TV.

- (22:30 - 23:00): Ritual Noturno

  - Preparação para dormir, cuidados pessoais e uma breve reflexão sobre o dia.

Essa estrutura permitiu a Carla ter um equilíbrio entre trabalho, responsabilidades familiares e tempo pessoal. Ao criar as suas "Janelas de Tempo" definidas, ela conseguiu dar sua atenção completa a cada atividade, tornando o seu dia não apenas mais produtivo, mas também mais equilibrado e gratificante.

CAPÍTULO 2

TÉCNICAS PRÁTICAS DE GERENCIAMENTO DE TEMPO

No agitado ritmo da vida moderna, gerenciar o nosso tempo se tornou um desafio crescente. Acordamos com uma lista de afazeres, correndo de um compromisso para outro, tentando equilibrar trabalho, vida pessoal, autocuidado e, para muitos, a busca pelo bem-estar e emagrecimento. Parece que os dias passam voando e, muitas vezes, chegamos ao final deles com a sensação de que pouco foi realizado ou que nos desviamos do caminho que havíamos traçado.

Para muitos leitores, essa desorganização não é apenas uma fonte de estresse, mas também um dos principais obstáculos em sua jornada de emagrecimento. Quantas vezes você disse a si mesmo que começaria a dieta "amanhã", que não tem tempo para se exercitar ou que comer de forma saudável demanda muito tempo e planejamento? Essas preocupações são comuns e, em muitos casos, estão diretamente relacionadas à forma como administramos, ou melhor, não administramos o nosso tempo.

Nesse cenário, surge a necessidade de ferramentas e estratégias que nos auxiliem a assumir o controle do nosso tempo, permitindo que sejamos mais produtivos e focados. Além disso, é essencial aprender a priorizar atividades, criar rotinas e encontrar brechas em nosso dia a dia para atividades que promovam a nossa saúde física e mental.

Afinal, ter o controle do nosso tempo não significa apenas cumprir prazos ou ser produtivo no trabalho. Significa também ter momentos de lazer, de conexão com quem amamos e, acima de tudo, cuidar de nós mesmos, dando ao nosso corpo e mente o que eles precisam para se sentirem bem.

Vamos explorar técnicas práticas de gerenciamento de tempo que vão além das dicas convencionais. Com foco no bem-estar e no emagrecimento, essas estratégias foram selecionadas para ajudar você, que já enfrentou desafios e desapontamentos nessa jornada, a criar uma rotina diária que apoie os seus objetivos e transforme os seus sonhos em realidade. Vamos juntos descobrir como o tempo, quando bem gerenciado, pode ser o seu maior aliado no caminho para uma vida mais saudável e equilibrada.

A TÉCNICA POMODORO

Poucos imaginariam que um simples temporizador de cozinha, na forma de um tomate, poderia revolucionar a maneira como milhões de pessoas ao redor do mundo gerenciam o seu tempo. Foi exatamente isso que Francesco Cirillo conseguiu nos anos 80 com a sua inovadora Técnica Pomodoro.

A Técnica Pomodoro, cujo nome deriva do italiano para "tomate", faz referência ao temporizador de cozinha em forma de tomate que Francesco Cirillo usava durante seus estudos universitários. Essa técnica, embora simples em sua concepção, tem se mostrado uma ferramenta extremamente eficaz para melhorar a produtividade e a gestão do tempo.

Para utilizar a Técnica Pomodoro, basta seguir alguns passos simples: inicialmente, escolha uma tarefa que deseja realizar. Em seguida, defina um temporizador para 25 minutos, período este que representa um "Pomodoro". Durante esse tempo, dedique-se integralmente à tarefa, evitando qualquer tipo de interrupção. Quando o temporizador tocar, marque uma pausa de cinco minutos. Esse intervalo é essencial para a recuperação mental e ajuda a manter o foco e a energia ao longo do dia. Após cada quatro Pomodoros, é recomendável fazer uma pausa mais longa, que pode variar de 15 a 30 minutos, para uma recuperação mais profunda e eficaz.

Os benefícios da Técnica Pomodoro são notáveis e variados. Primeiramente, ela promove um foco e concentração intensos, pois o compromisso de trabalhar em blocos de tempo curtos permite uma maior facilidade em manter a atenção e evitar distrações. Além disso, as pausas frequentes incorporadas no método previnem a fadiga mental, garantindo que a produtividade se mantenha em um nível alto ao longo do dia. Cada "Pomodoro" completado oferece também uma sensação tangível de progresso, o que é altamente motivador e reforça a sensação de realização pessoal. Adicionalmente, a estrutura da técnica facilita a gestão de interrupções, tornando mais fácil dizer "não" a potenciais distratores, visto que há sempre uma pausa planejada em breve.

Para implementar a Técnica Pomodoro de maneira efetiva, algumas dicas podem ser úteis. Não é necessário um temporizador específico em forma de tomate; qualquer temporizador pode ser utilizado, e existem diversos aplicativos e ferramentas online dedicados a facilitar a aplicação dessa técnica. É importante priorizar suas tarefas no início do dia, listando as mais importantes e estimando quantos Pomodoros cada uma delas exigirá. Durante cada Pomodoro, é crucial minimizar interrupções e distrações; se uma interrupção urgente ocorrer, o ideal é interromper o Pomodoro e, após lidar com a urgência, reiniciar o ciclo.

Com o tempo, à medida que você se acostuma com a técnica, pode ser necessário ajustar a duração dos Pomodoros ou das pausas para melhor atender às suas necessidades pessoais e profissionais. Esse ajuste é uma parte natural do processo de aprendizado e adaptação ao método.

Em suma, a Técnica Pomodoro não apenas ajuda a otimizar o gerenciamento do tempo, mas também melhora a qualidade do trabalho realizado. Ao dividir o trabalho em intervalos gerenciáveis, com pausas regulares para recuperar a energia, a técnica permite uma abordagem mais sustentável e menos estressante para o trabalho e estudo. Com sua simples implementação e benefícios imediatos, a Técnica Pomodoro se estabelece como uma estratégia eficaz para quem busca maximizar sua produtividade enquanto mantém um bom equilíbrio mental e emocional.

O DESAFIO DA TÉCNICA POMODORO

Muitos inicialmente desconfiam de que algo tão simples possa ser eficaz. Mas é precisamente essa simplicidade que faz da técnica Pomodoro uma ferramenta tão poderosa. O desafio é adotá-la com consistência, fazendo ajustes conforme necessário, até que se torne um hábito.

No mundo moderno, no qual a distração está sempre à espreita, a Técnica Pomodoro surge como uma bússola, guiando-nos através das névoas da procrastinação e do gerenciamento ineficaz do tempo, rumo à produtividade e ao êxito em nossas tarefas diárias.

Experimente e veja como algo tão simples pode trazer mudanças tão profundas à sua vida.

A REGRA DOS 2 MINUTOS: SE ALGO LEVA MENOS DE 2 MINUTOS, FAÇA AGORA.

A vida cotidiana está repleta de pequenas tarefas que, embora possam parecer insignificantes individualmente, quando acumuladas, transformam-se em uma montanha de responsabilidades não resolvidas. Essa realidade é especialmente verdadeira em nossos dias atuais, onde o tempo parece sempre escasso e a lista de afazeres nunca termina. Nesse contexto, a "regra dos 2 minutos", popularizada por David Allen em seu influente livro "A Arte de Fazer Acontecer" (*Getting Things Done*), surge como uma estratégia simples, porém revolucionária, para gerenciar o cotidiano de forma mais eficaz.

David Allen baseia-se no princípio de que nossa energia mental é um recurso precioso, frequentemente desperdiçado quando procrastinamos tarefas simples e rápidas. A regra é clara e objetiva: se uma tarefa pode ser completada em menos de dois minutos, ela deve ser feita imediatamente. Adiar pequenos afazeres não só consome energia mental, mas também contribui para uma sensação crescente de estar sobrecarregado. Ao adotar esta regra, podemos evitar que essas pequenas tarefas se acumulem e se tornem uma fonte significativa de estresse.

Implementar a regra dos 2 minutos no dia a dia pode parecer uma mudança pequena, mas seus benefícios são palpáveis e diversos. Primeiramente, ela atua diretamente contra a procrastinação. Tarefas menores são frequentemente adiadas por parecerem fáceis de serem resolvidas mais tarde, mas justamente essa procrastinação leva ao acúmulo que pode parecer insuperável mais tarde. Ao lidar com essas obrigações de forma imediata, mantém-se a lista de pendências sempre controlada e gerenciável.

Além disso, há um impacto significativo no espaço mental disponível. Tarefas pendentes, mesmo que pequenas, podem ocupar um espaço desproporcional em nossa mente, criando um ruído constante que distrai e diminui a capacidade de foco. Completar essas tarefas rapidamente não só clarifica o espaço mental, mas também permite que nos concentremos em compromissos mais significativos e complexos, aqueles que realmente exigem maior atenção e dedicação.

Outro benefício perceptível da regra dos 2 minutos é a sensação de realização. Há um impulso motivacional que acompanha o ato de riscar itens da nossa lista de tarefas, especialmente quando isso pode ser feito rapidamente e com frequência. Essa sensação de progresso é crucial para manter a motivação ao longo do dia, incentivando-nos a abordar tarefas maiores e mais desafiadoras com uma atitude positiva.

Para pessoas que estão trabalhando para manter ou melhorar sua saúde física, como é o caso de quem busca emagrecimento, manter a ordem no ambiente diário é especialmente importante. Um espaço organizado reflete e reforça uma mentalidade organizada, o que pode facilitar a adesão a rotinas disciplinadas de dieta e exercício. Quando o ambiente está desordenado, a mente muitas vezes segue o mesmo caminho, e a desordem externa pode levar à desordem interna, impactando negativamente os hábitos alimentares e de atividade física.

Implementar a regra dos 2 minutos requer pouco mais do que a disposição para reconhecer e realizar pequenas tarefas imediatamente. Isso pode incluir responder a um e-mail rápido, guardar objetos espalhados pela casa, lavar um prato usado ou anotar um lembrete importante. A chave está na ação imediata, evitando o pensamento "farei isso depois", que pode parecer inocente, mas que contribui para a procrastinação e o acúmulo de tarefas.

Adotar essa regra é uma forma eficaz de melhorar a gestão do tempo, reduzir o estresse e aumentar a produtividade pessoal. Com o tempo, a prática de completar tarefas imediatamente se torna um hábito, transformando profundamente a maneira como organizamos nossos dias e lidamos com nossas responsabilidades. A regra dos 2 minutos é, portanto, mais do que uma técnica de gerenciamento de tempo; é uma filosofia de vida que prioriza a ação imediata para uma existência mais ordenada e menos estressante.

COMO IMPLEMENTAR EM SUA VIDA

1. Conscientização: Comece observando suas tarefas diárias. Quantas delas poderiam ser concluídas em menos de 2 minutos? Anote-as a seguir:

2. Disciplina: Nos primeiros dias, pode ser necessário um esforço consciente para não adiar essas tarefas rápidas.
3. Evite Multitarefas: Ao se dedicar a uma tarefa de 2 minutos, concentre-se totalmente nela. Não caia na armadilha de tentar fazer várias tarefas "rápidas" simultaneamente.
4. Reveja e Reflita: Ao final de uma semana, reserve um momento para refletir sobre como a implementação da regra afetou a sua produtividade e o seu bem-estar.

A regra dos 2 minutos é uma ferramenta simples, mas eficaz, especialmente para aqueles que se sentem sobrecarregados com as constantes demandas da vida diária. Para os nossos leitores, que já enfrentam lutas diárias relacionadas ao emagrecimento, ao gerenciamento do estresse e aos desafios emocionais, abraçar essa técnica pode ser um pequeno, mas significativo, passo em direção a uma vida mais organizada e equilibrada.

BLOCOS DE FOCO: DEDICAÇÃO INTENSA A UMA TAREFA, SEGUIDA DE UMA PAUSA.

Vivemos em um mundo repleto de estímulos constantes. Seja pelas incessantes notificações em smartphones, pelas demandas familiares, ou pelas pressões profissionais, cada dia nos apresenta uma série de desafios que podem facilmente nos distrair dos nossos objetivos. Para aqueles empenhados em jornadas de emagrecimento, o desafio é ainda maior, pois o estresse diário pode ser uma barreira significativa. Diante dessas dificuldades, é crucial encontrar maneiras de manter o foco, especialmente quando tentações e distrações estão sempre à espreita. Nesse contexto, a técnica dos "Blocos de Foco" se mostra como uma estratégia vital para aumentar a produtividade e preservar a saúde mental.

Os Blocos de Foco são períodos de tempo dedicados exclusivamente a uma única tarefa ou atividade, variando geralmente entre 25 a 50 minutos, seguidos por uma pausa curta de 5 a 10 minutos. O objetivo é minimizar ou eliminar todas as distrações durante esse tempo, permitindo uma imersão total na atividade selecionada. Essa técnica não apenas facilita a concentração mas também promove uma série de benefícios que ajudam a combater os desafios do cotidiano.

Um dos principais benefícios dos Blocos de Foco é o combate à fadiga mental. A pausa após cada bloco ajuda a prevenir a exaustão, mantendo a mente fresca e mais capacitada para enfrentar as próximas tarefas. Além disso, ao se comprometer com um período de tempo específico para trabalhar, reduz-se a tendência à procrastinação. Iniciar uma tarefa sabendo que há um limite de tempo para sua execução pode incentivar o início imediato e manter o ritmo de trabalho constante.

A qualidade do trabalho realizado sob a técnica dos Blocos de Foco também tende a melhorar. A capacidade de se aprofundar em uma tarefa sem interrupções permite uma melhor concentração, resultando em resultados de maior qualidade. Para aqueles que estão estudando ou precisam assimilar novas informações, os Blocos de Foco são especialmente úteis, pois facilitam a absorção e retenção de conteúdo.

Para quem está em um processo de emagrecimento, os Blocos de Foco oferecem benefícios adicionais. Usar esses blocos para exercícios físicos pode ajudar a manter a consistência dos treinos, permitindo que se dedique completamente à atividade física sem distrações, e aproveitando ao máximo o período de exercício antes de desfrutar de uma pausa bem-meritada. Além disso, dedicar blocos específicos para o planejamento e preparo de refeições pode conduzir a escolhas alimentares mais saudáveis e bem pensadas, um componente crucial para o sucesso no emagrecimento.

A implementação dos Blocos de Foco exige alguns passos simples. Primeiro, é importante definir claramente a tarefa ou atividade que se deseja realizar. Preparar um ambiente adequado, minimizando as distrações, é fundamental. Isso pode significar desligar notificações, informar aos outros que você não deve ser perturbado, ou simplesmente organizar seu espaço de trabalho de maneira que favoreça a concentração. O uso de um timer é recomendado para delimitar o início e o fim de cada bloco de foco. Respeitar a pausa após cada sessão é essencial para que a mente possa descansar e se recuperar, garantindo a sustentabilidade da técnica ao longo de um dia inteiro de trabalho.

Com o tempo, pode-se ajustar a duração dos blocos de foco conforme as necessidades individuais se tornam mais aparentes. Alguns podem descobrir que períodos mais longos são mais produtivos, enquanto outros podem preferir blocos mais curtos para manter a energia.

Adotar os Blocos de Foco é mais do que apenas uma maneira de gerenciar o tempo; é um compromisso com a excelência pessoal e profissional. Essa técnica proporciona uma estrutura para enfrentar desafios de maneira eficaz, apoiando não apenas a produtividade, mas também fortalecendo a disciplina mental necessária para quem busca transformações significativas, como o emagrecimento. Ao integrar os Blocos de Foco no cotidiano, cria-se um ambiente propício não só para o sucesso profissional, mas também para um estilo de vida mais saudável e focado.

PRIORIZAÇÃO: DISTINGUINDO TAREFAS URGENTES DE TAREFAS IMPORTANTES.

No turbilhão de responsabilidades e afazeres, muitos de nós nos encontramos correndo contra o relógio, tentando administrar todas as demandas de nossas vidas. A sensação de estar sobrecarregado é familiar para aqueles que já sentiram o peso da desorganização e, frequentemente, os objetivos de emagrecimento e bem-estar são relegados a segundo plano. Aqui, vamos desvendar o segredo da priorização, uma ferramenta que ajuda a diferenciar entre o que é urgente e o que é verdadeiramente importante.

TAREFAS URGENTES E TAREFAS IMPORTANTES?

Vamos começar com a definição de cada uma:

- Tarefas Urgentes: São aquelas que exigem atenção imediata e geralmente estão associadas a prazos próximos ou consequências imediatas se não forem realizadas.
- Tarefas Importantes: São atividades que têm um impacto significativo em nossos objetivos de longo prazo, bem-estar e satisfação geral, mas que podem não exigir ação imediata.

Muitas vezes, na corrida diária, tendemos a confundir tarefas urgentes com importantes, resultando em uma constante sensação de apagar incêndios e negligenciar os objetivos maiores. Por exemplo, você pode se sentir pressionado a responder a um e-mail (urgente) em vez de reservar um tempo para o planejamento alimentar da semana (importante).

A priorização não é apenas sobre gerenciar tarefas; é sobre alinhar ações diárias com metas de vida e aspirações. Para aqueles em uma jornada de emagrecimento e transformação, entender a diferença entre tarefas urgentes e importantes é um passo crucial para garantir que o caminho escolhido conduza a resultados duradouros e significativos.

TÉCNICA DA LISTA DE TAREFAS DA MATRIZ DE EISENHOWER

Muitas pessoas têm uma ideia geral do que precisam fazer durante o dia, mas frequentemente, a clareza entre o que é urgente e o que é importante fica turva. Isso pode levar a momentos de ansiedade e estresse, especialmente para aqueles que já lutaram com questões como disciplina, foco e sentimentos de desvalorização. Se você já enfrentou desafios semelhantes em sua jornada de emagrecimento e bem-estar, a Matriz de Eisenhower é uma ferramenta valiosa que pode trazer clareza e direção.

A técnica da Lista de Tarefas da Matriz de Eisenhower é uma ferramenta simples, mas extremamente eficaz, baseada na Matriz de Eisenhower. Ela é usada para ajudar indivíduos a priorizarem as suas tarefas de acordo com a urgência e a importância. A ideia central é categorizar todas as tarefas e atividades em quatro quadrantes, ajudando na decisão de quais ações tomar, considerando tanto a sua urgência quanto a sua relevância.

Como usar a técnica:

1. Quadrante I (Q1 - Urgente e Importante): Aqui entram as tarefas que você não pode evitar e precisam ser feitas imediatamente. São crises, prazos apertados e situações que requerem sua atenção imediata. Por exemplo, para alguém em uma jornada de emagrecimento, isso pode ser preparar uma refeição saudável quando está extremamente faminto ou lidar com uma lesão durante o exercício.

- Ação: Faça essas tarefas imediatamente.

2. Quadrante II (Q2 - Não Urgente, mas Importante): São tarefas que influenciarão positivamente a sua vida a longo prazo. Pense em planejamento, desenvolvimento de novos hábitos ou aprender sobre nutrição. Para o objetivo de emagrecimento, isso poderia envolver a preparação de refeições para a semana ou estabelecer um plano de exercícios.

- Ação: Decida quando você fará essas tarefas e agende-as.

3. Quadrante III (Q3 - Urgente, mas Não Importante): Muitas vezes, essas são as atividades que parecem urgentes, mas ao refletir sobre elas, não trazem valor real a longo prazo. Pode ser um colega pedindo uma "ajudinha rápida" ou a tentação de um doce que está "gritando" o seu nome.

- Ação: Delegue essas tarefas, se possível. Se não puder delegar, reavalie a verdadeira a urgência e a necessidade delas.

4. Quadrante IV (Q4 - Não Urgente e Não Importante): São as atividades que, em retrospecto, costumam ser percebidas como perda de tempo. Pode ser passar horas em redes sociais sem propósito ou assistir TV em excesso.

- Ação: Limite ou elimine essas atividades em sua rotina.

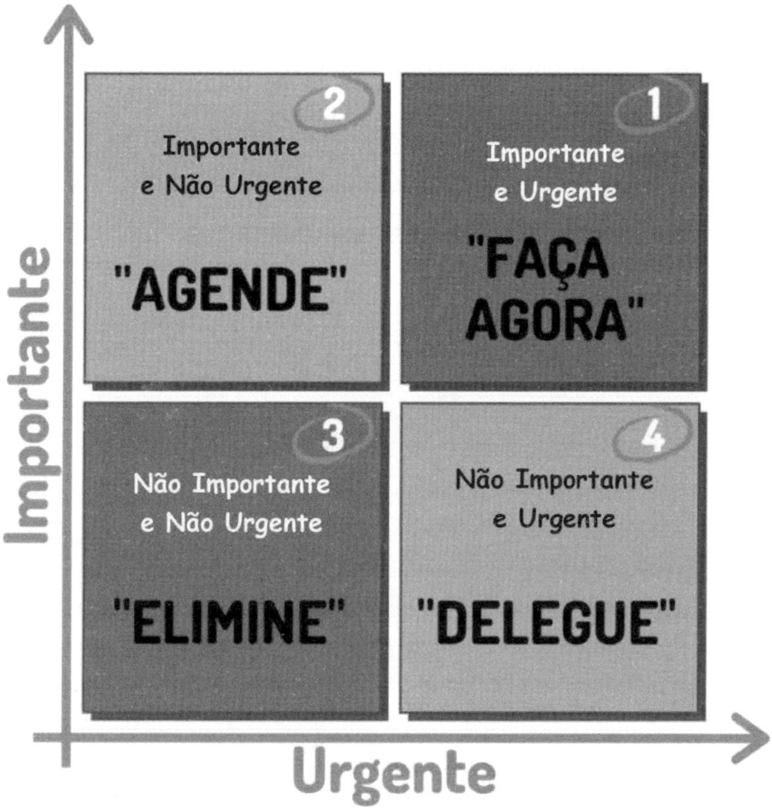

Me lembrei agora quando ensinei isso ao Bruno, um aluno da minha Mentoria "A ROTA". Bruno, pai de dois filhos com um trabalho estressante e que já havia tentado diversas dietas, se sentia constantemente sobrecarregado e distraído. Ao usar a Matriz de Eisenhower, ele conseguiu distinguir entre preparar refeições saudáveis para a semana (Quadrante II) e responder a um e-mail de trabalho que pode esperar até o dia seguinte(Quadrante III). Ao focar nas tarefas do Quadrante II, Bruno conseguiu priorizar a sua saúde e o seu bem-estar a longo prazo, dando um passo positivo em sua jornada de emagrecimento.

TAREFA:

Anote e classifique na tabelas abaixo as suas tarefas e ocupações de acordo com a Matrix de Eisenhower (Q1, Q2, Q3 e Q4)

	Tarefa	Classificação da tarefa
01		
02		
03		
04		
05		
06		
07		
08		
09		
10		
11		
12		
13		
14		
15		
16		
17		
18		
19		
20		
21		
22		
23		
24		
25		
26		
27		
28		
29		
30		
31		
32		
33		

A Matriz de Eisenhower não é apenas uma ferramenta de produtividade; trata-se de uma estratégia de vida. Para aqueles que já sentiram a frustração e a desesperança de repetidas tentativas falhas de emagrecimento, aplicar essa técnica pode ser uma verdadeira virada de jogo, ajudando a focar no que realmente importa e a tomar decisões mais fundamentadas sobre onde investir o seu tempo e a energia.

A METODOLOGIA SMART PARA DEFINIÇÃO DE OBJETIVOS

A definição clara e concreta de objetivos é crucial para qualquer empreendimento na vida, seja na carreira, nos relacionamentos ou, como é o foco de nosso livro, na jornada para um corpo e mente saudáveis. No entanto, muitas vezes, ao longo das múltiplas tentativas de emagrecimento e bem-estar, muitos se deparam com o dilema de estabelecer metas vagas, irrealistas ou difíceis de medir. Nesse cenário, a metodologia SMART surge como uma aliada poderosa.

SMART é um acrônimo que representa um conjunto de critérios para estabelecer objetivos claros e alcançáveis. Cada letra corresponde a um critério específico:

- S - Specific (Específico): O objetivo deve ser claro e direto.
- M - Measurable (Mensurável): Você precisa ser capaz de medir o progresso e o resultado.
- A - Achievable (Alcançável): Deve ser realista e possível de ser alcançado.
- R - Relevant (Relevante): Deve ser pertinente e significativo para você e sua vida.
- T - Time-bound (Temporal): Deve ter um prazo definido.

APLICANDO SMART À JORNADA DE EMAGRECIMENTO E BEM-ESTAR:

Vamos ver como isso funciona na prática, especialmente para o nosso objetivo, uma vez que você possivelmente já tenha passado por diversas tentativas sem sucesso e continua enfrentando muitos desafios diários nesse sentido.

1. Específico: Em vez de dizer "Quero perder peso", seja específico: "Quero perder 10 quilos".
2. Mensurável: Acompanhe o seu progresso. No caso da perda de peso, pode ser através de pesagens semanais ou medições corporais.
3. Alcançável: Estabeleça metas que estejam dentro de um limite saudável e realista para você. Se deseja perder 10 quilos, considere um período razoável e não uma semana, por exemplo.
4. Relevante: Pergunte-se por que deseja perder esses 10 quilos. Talvez seja para melhorar a saúde, ter mais energia para brincar com os seus filhos ou sentir-se melhor consigo mesmo.
5. Temporal: Defina um prazo. "Quero perder 20 quilos nos próximos 3 meses", por exemplo.

ESTUDO DE CASO: ROBERTA E A METODOLOGIA SMART EM MINHA MENTORIA A ROTA

Roberta, uma mulher de 35 anos, mãe de dois filhos, sempre encontrou dificuldade em conciliar seu tempo entre trabalho, cuidados com a família e autocuidado. Ela tentou, inúmeras vezes, embarcar em programas de emagrecimento e sempre se sentia sobrecarregada e perdida. Ao ingressar em minha mentoria, Roberta foi introduzida ao conceito da metodologia SMART, que viria a ser uma reviravolta em sua abordagem para atingir os seus objetivos.

Aplicando a Metodologia SMART:

1. Específico:

- Antes: "Quero emagrecer."
- Depois da mentoria: "Quero perder 12 quilos e melhorar minha resistência cardiovascular para que eu possa acompanhar minhas crianças em atividades ao ar livre sem me sentir exausta."

2. Mensurável:

- Antes: "Vou tentar me pesar quando lembrar."
- Depois da mentoria: "Vou registrar o meu peso e medidas a cada duas semanas, usando o planejamento sugerido durante a mentoria. Além disso, vou monitorar o meu progresso em resistência através da quantidade de minutos que consigo fazer os treinos sem parar."

3. Alcançável:

- Antes: "Vou tentar fazer exercícios todos os dias e cortar todos os carboidratos."
- Depois da mentoria: "Vou fazer 20 minutos de treinos todos os dias, seguindo o plano personalizado da mentoria, e focar em uma alimentação equilibrada sem cortes drásticos."

4. Relevante:

- Antes: "Todo mundo está emagrecendo; eu também deveria.'
- Depois da mentoria: "Perder peso e melhorar a minha saúde me permitirão desfrutar mais da vida com os meus filhos e me sentir mais confiante em minha vida profissional."

5. Temporal:

- Antes: "Vou emagrecer."
- Depois da mentoria: "Tenho um plano estruturado de 2 meses para perder os 15 quilos, com revisões quinzenais durante as nossas sessões de mentoria."

Ao longo da mentoria, Roberta não apenas começou a ver mudanças físicas, mas também experimentou uma transformação em sua mentalidade. A clareza que a Metodologia SMART proporcionou fez com que ela se sentisse mais no controle e motivada. Em vez de se sentir sobrecarregada, Roberta agora tinha metas claras, um plano de ação e o suporte contínuo da mentoria para guiá-la. Ao final de 2 meses, ela, além de atingir a sua meta de peso, correu uma mini maratona com os seus filhos, um testemunho verdadeiro de sua resistência melhorada e de sua confiança renovada.

A metodologia SMART não é apenas sobre definir objetivos; é sobre garantir que eles ressoem profundamente com suas aspirações e realidade. É um compromisso não apenas com um número ou uma data, mas com uma visão mais ampla de bem-estar e realização. Para aqueles que já se sentiram perdidos ou desorientados em suas tentativas, a estrutura SMART pode ser a bússola que os guia em sua jornada transformadora.

ROTINAS MATINAL E NOTURNA

"A PRIMEIRA HORA DO DIA DETERMINA O RITMO DAS PRÓXIMAS VINTE E TRÊS."

Antes de qualquer coisa, é fundamental entender que a forma como começamos e terminamos os nossos dias pode moldar a nossa percepção, as nossas decisões e, em última instância, a nossa qualidade de vida. As rotinas matinais e noturnas atuam como alicerces para um dia produtivo e uma noite de descanso qualitativo.

O início e o fim de cada dia são momentos cruciais que têm o potencial de definir o tom para as horas que se seguem. Para muitos, especialmente pais e mães que equilibram responsabilidades domésticas e profissionais, as rotinas matinais e noturnas são mais do que simplesmente preparações para o dia ou a noite; são fundamentais para manter o equilíbrio e maximizar a eficácia ao longo do dia.

A IMPORTÂNCIA DE UMA ROTINA MATINAL

A primeira luz do dia traz consigo uma oportunidade única para estabelecer um estado mental positivo e preparar o corpo para os desafios que estão por vir. Uma rotina matinal estruturada é essencial para começar o dia com o pé direito. Esse momento do dia pode oferecer não só clareza mental, mas também ativação física e um precioso momento pessoal.

Definir um tempo específico pela manhã para planejamento ou meditação pode ajudar a estabelecer metas claras para o dia, enquanto pequenos exercícios, como alongamentos ou uma breve caminhada, preparam o corpo e a mente para as atividades diárias. Além disso, muitas vezes, as manhãs podem ser o único momento de paz e tranquilidade antes do turbilhão do dia. Esse tempo pode ser usado para reflexão pessoal, leitura, autoafirmação, ou até mesmo para se dedicar a hobbies que trazem alegria e satisfação.

A ROTINA NOTURNA E A PREPARAÇÃO PARA O DESCANSO

Da mesma forma que a manhã é a preparação para o dia, a noite é a hora de desacelerar e refletir, preparando-se para um sono reparador. Implementar uma rotina noturna que promova o desligamento mental e o relaxamento físico é essencial para garantir uma boa noite de descanso.

Atividades calmantes, como ler um livro, meditar, ou ouvir música suave, ajudam a mente a se desconectar das preocupações do dia. Banhos quentes, técnicas de respiração, ou até um chá calmante são maneiras eficazes de preparar o corpo para o sono. Além disso, um momento de reflexão e gratidão no final do dia pode não apenas proporcionar uma sensação de realização, mas também reforçar uma perspectiva positiva sobre a vida. Anotar motivos de gratidão ou conquistas diárias pode solidificar esses sentimentos positivos.

DICAS PARA ESTABELECER ROTINAS SÓLIDAS

Estabelecer e manter rotinas matinais e noturnas sólidas não precisa ser uma tarefa avassaladora. Começar pequeno, adicionando uma ou duas atividades a cada rotina e aumentando gradualmente conforme se tornam hábitos confortáveis, é uma abordagem eficaz. A consistência é crucial; mesmo nos dias mais atarefados, tentar manter a rotina pode fazer uma grande diferença na maneira como o dia é experienciado e na preparação para o dia seguinte.

Além disso, é importante estar aberto a ajustes. As rotinas que funcionam bem em um determinado momento podem precisar de ajustes conforme as circunstâncias da vida mudam. Estar disposto a modificar essas rotinas para melhor atender às mudanças nas necessidades pessoais e profissionais é fundamental para que continuem a ser eficazes.

Em suma, cultivar cuidadosamente rotinas matinais e noturnas não é apenas benéfico para a organização diária; é um investimento vital no próprio bem-estar, produtividade e paz de espírito. Tais rotinas ajudam a navegar melhor pelas ondas de desafios e oportunidades que cada novo dia apresenta. Ao abraçar esses momentos do dia com carinho e propósito, podemos moldar nossas vidas de maneira mais intencional e satisfatória.

COMO COMEÇAR E TERMINAR O DIA COM O PÉ DIREITO: DO DESPERTAR À PLENITUDE NOTURNA

O sol nasce e se põe, e entre esses dois momentos, temos a oportunidade de moldar nossas vidas. Escolha começar e terminar cada dia com intenção e propósito.

Nossa vida é uma série de dias que se somam para criar nossas histórias. Mas como garantir que cada dia seja bem aproveitado, equilibrado e significativo? A resposta está em como começamos e terminamos esses preciosos 24 horas. Ao longos dos anos percebi que para muitos dos meus alunos - pais e mães, profissionais atarefados e até estudantes sobrecarregados - o desafio está em encontrar a consistência e a direção certa em meio ao caos.

SAUDANDO O AMANHECER

A maneira como nos sentimos nas primeiras horas muitas vezes dita o tom para o resto do dia. É o momento em que nossa mente está mais descansada, e nossos pensamentos, mais claros.

DICAS PARA UM DESPERTAR POSITIVO:

- Evite a Inundação Digital: Antes de pegar o telefone, reserve um momento para si mesmo. Alongue-se, se exponha ao sol, respire fundo e mentalmente se prepare para o dia.
- Visualize Seu Dia: Antes de se levantar, visualize mentalmente o que espera realizar. Estabeleça três metas principais para o dia.

- Alimente-se Bem: Um café da manhã balanceado garante energia e foco para as próximas horas.

O RITUAL DO PÔR DO SOL

O fim do dia é um convite à introspecção. É uma oportunidade para avaliar, desacelerar e se reconectar consigo mesmo.

DICAS PARA UM FINAL DE DIA SATISFATÓRIO:

- Desconexão Digital: Evite aparelhos eletrônicos pelo menos uma hora antes de dormir. A luz azul desses dispositivos afetam a qualidade do seu sono.
- Momento de Reflexão: Reserve um tempo para refletir sobre o que fez, o que aprendeu e onde poderia ter feito diferente.
- Prepare-se para o Amanhã: Um pequeno planejamento da noite pode facilitar o começo do próximo dia. Prepare sua roupa, liste suas tarefas principais na sua agenda, organize sua área de trabalho e separe a roupa do treino.

Entre o primeiro raio de sol e o último brilho da lua, temos o poder de criar, sonhar e viver plenamente. Faça de cada início e fim uma celebração do que você é e do que pode alcançar.

O controle real sobre nossas vidas começa com a maneira como iniciamos e concluímos nossos dias. Ao criar rituais matinais e noturnos que reforçam a positividade, a intenção e o propósito, estabelecemos as bases para dias mais produtivos, felizes e equilibrados. E com isso, uma vida mais plena e significativa.

EXEMPLOS DE ATIVIDADES PARA INCORPORAR EM AMBAS AS ROTINAS: DE ALVORADAS INSPIRADORAS A CREPÚSCULOS TRANQUILOS

A diferença entre um dia comum e um dia incrível está nas pequenas ações que escolhemos incorporar em nossas rotinas.

Ao lidar com a correria do dia a dia, trabalho, família e cuidado pessoal, torna-se vital encontrar atividades que possam servir como âncoras de bem-estar e eficiência. Vou te dar sugestões práticas para enriquecer tanto a rotina matinal quanto a noturna, visando maior produtividade, satisfação e equilíbrio.

ROTINA MATINAL: DESPERTAR COM ENERGIA E PROPÓSITO

1. Exercício Físico Matinal: Uma curta sessão de alongamentos, treino em casa ou uma corrida leve vai despertar o corpo e prepará-lo para o dia.
2. Meditação ou Momento de Reflexão: Mesmo que seja apenas por cinco minutos, esse tempo pode ajudar a definir a intenção e o foco para o dia.
3. Registro Matinal: Mantenha um diário ao lado da cama e escreva três coisas pelas quais você é grato ou três objetivos para o dia.
4. Alimentação Saudável: Consuma um café da manhã nutritivo que forneça energia sustentada.
5. Visualização Positiva: Dedique alguns minutos para visualizar os resultados bem-sucedidos das atividades planejadas para o dia.

ROTINA NOTURNA: CONCLUSÃO E RELAXAMENTO

1. Registro Noturno: Anote os principais acontecimentos do dia, o que aprendeu e quais são os planos para o próximo dia.
2. Leitura Tranquila: Desconecte-se da agitação digital e mergulhe em um bom livro para relaxar.

3. Prática de Respiração ou Meditação: Isso ajuda a acalmar a mente, aliviar o estresse e preparar o corpo para um sono reparador.
4. Preparação para o Dia Seguinte: Organize o ambiente de trabalho, escolha a roupa que vai usar e liste as principais tarefas do próximo dia.
5. Ritual de Cuidado Pessoal: Um banho quente, uma breve sessão de skincare ou mesmo uma automassagem nos pés podem fazer maravilhas pelo seu bem-estar.

As rotinas não são apenas listas de tarefas; são declarações diárias de cuidado e intenção para conosco e para com nossas vidas.

Incorporar essas atividades em suas rotinas matinal e noturna não apenas ajuda a estruturar o dia, mas também instiga uma sensação de propósito, direção e bem-estar. Ao adotar e adaptar essas sugestões ao seu estilo de vida, você estará dando passos concretos para elevar a qualidade de cada dia vivido.

Teremos uma seção inteira somente sobre Sono de Qualidade, a qual incluirá, inevitavelmente, uma rotina noturna com essa finalidade. Então aprofundaremos nesse assunto mais à frente.

OS BENEFÍCIOS DE TER MOMENTOS DE "DESCONEXÃO" DIÁRIOS.

Em um mundo em que estamos constantemente conectados, encontrar um momento para se desconectar é mais do que uma pausa - é uma revolução silenciosa do bem-estar.

Imagine a Ana. Uma mãe dedicada, esposa e professora. Seus dias são preenchidos com a agitação da rotina: acordar os filhos, preparar o café da manhã, correr para o trabalho, dar aulas, retornar para casa, ajudar nas tarefas escolares, preparar o jantar e, no fim do dia, se perder em um emaranhado de notificações, mensagens e atualizações nas redes sociais. O cenário é familiar?

Em um mundo cada vez mais digitalizado, estamos constantemente conectados - a dispositivos, redes sociais, aplicativos, e-mails e notificações que parecem nunca cessar. Há um zumbido constante, uma demanda incessante por nossa atenção, conhecida como *hiperconexão*.

O despertar de muitos de nós se dá não mais pelo canto dos pássaros ou pela luz natural, mas pelo som de um alarme emitido por um smartphone. Ao desativá-lo, somos instantaneamente imersos em um mundo já em pleno movimento: notificações de redes sociais, e-mails esperando resposta, mensagens de amigos e colegas. Antes mesmo de nos levantarmos, somos bombardeados por uma avalanche de informações. A hiperconexão é uma realidade da era digital, e seus impactos são profundos, alterando nosso comportamento, padrões de pensamento e, embora essa conexão constante possa parecer que nos mantém informados, ela também é uma fonte de estresse, ansiedade e exaustão mental.

Ana é um espelho de muitos de nós. Ela é uma profissional engajada, conectada, e que muitas vezes sente que o seu dia é regido por toques, cliques e deslizes de tela. Mesmo em momentos supostamente tranquilos, há uma inquietação, uma mão que involuntariamente busca o telefone, uma mente que vagueia pelo mundo virtual. Essa incessante conexão ao digital faz com que Ana se sinta esgotada, dispersa, sem jamais estar completamente presente em suas atividades e interações.

Mas, há uma saída. E não, não é uma rejeição total da tecnologia, mas sim um resgate do equilíbrio através da **desconexão**.

Ana, ao perceber o peso da hiperconectividade em sua vida, decidiu deliberadamente incorporar momentos de desconexão em sua rotina. Pequenas pausas no começo, como meditar por 10 minutos no meio do dia sem seu telefone por perto, ou dedicar um tempo para caminhar no parque, sentindo a brisa e ouvindo os sons naturais ao redor. Aos poucos, esses momentos de desconexão tornaram-se vitais para ela, ajudando-a a reequilibrar sua mente, a reforçar relações e a reencontrar prazeres esquecidos. Lembro-me de receber mensagens semanais de agradecimento depois que ela começou a fazer essas aplicações.

Em um mundo que nos incentiva a estar sempre online, o ato de se desconectar torna-se um ato revolucionário.

As desconexões de Ana, sejam elas breves ou por períodos mais prolongados, são o antídoto para a sobrecarga da hiperconexão. Através desse equilíbrio, ela descobriu que o verdadeiro significado de conexão não se encontra em um feed de notícias, mas nos momentos autênticos e presentes que a vida oferece. Talvez, essa seja a lição mais preciosa da era digital: aprender a se reconectar consigo mesmo, com os outros e com o mundo ao redor.

DESAFIO PRÁTICO:

Esta semana, proponho que você introduza pelo menos dois momentos de "desconexão" diária em sua rotina. Pode ser algo tão simples quanto deixar o telefone de lado por 40 minutos antes de dormir, ou algo mais elaborado como uma caminhada pela natureza. Observe as mudanças em seu humor, nível de estresse e clareza mental. E, quem sabe, assim como a Ana, você descobrirá o poder transformador da desconexão.

CAPÍTULO 4

A CONEXÃO ENTRE ROTINA E EMAGRECIMENTO

Em um mundo repleto de dietas da moda e promessas de perda de peso milagrosa, muitas vezes esquecemos do impacto fundamental que uma rotina organizada pode ter em nosso bem-estar e em nossa jornada de emagrecimento. Você já se perguntou por que, mesmo seguindo todas as tendências e conselhos, o sucesso parece esquivo? A resposta pode não estar no último programa de dieta ou no suplemento mais recente, mas sim na estrutura e na consistência de nossa rotina diária.

Nossa rotina diária é o alicerce sobre o qual construímos nossa saúde e bem-estar.

Ter uma rotina organizada transcende a simples ideia de manter uma agenda bem planejada; trata-se de incorporar hábitos saudáveis que, com repetição consistente, tornam-se ações automáticas propulsoras na direção dos objetivos de emagrecimento. Os pilares que estabelecem essa conexão entre rotina e emagrecimento são fundamentais para entender como pequenas mudanças na organização diária podem ter um impacto significativo na saúde geral e no bem-estar.

Um dos maiores benefícios de uma rotina bem estruturada é a minimização da fadiga de decisão. A cada dia, somos bombardeados com inúmeras decisões, desde escolhas triviais como o que vestir, até decisões mais significativas como o que comer para o almoço. Cada uma dessas escolhas, por mais pequena que seja, consome uma parte da nossa energia mental limitada. Ao automatizar essas decisões através de uma rotina estabelecida, liberamos nossa mente para focar em escolhas mais importantes, particularmente aquelas relacionadas a alimentação saudável e atividade física. Por exemplo, decidir com antecedência o cardápio da semana ou preparar as roupas de treino na noite anterior são maneiras de simplificar o cotidiano e reduzir o esforço mental diário.

A preparação é um componente chave para evitar a tentação, especialmente em momentos de fome, quando somos mais propensos a fazer escolhas alimentares precipitadas e menos saudáveis. Uma rotina que inclui a preparação de refeições pode ser extremamente eficaz nesse sentido. Ao planejar e preparar refeições saudáveis com antecedência, reduzimos significativamente a probabilidade de recorrer a opções rápidas e calóricas que estão prontamente disponíveis, mas que sabotam nossos esforços de emagrecimento.

Incorporar blocos de tempo dedicados ao exercício físico na rotina diária é crucial para garantir que essas atividades não sejam negligenciadas. Estabelecer horários fixos para o exercício não só ajuda na consistência, mas também reforça o compromisso com a atividade física como parte integrante do estilo de vida. Seja uma caminhada matinal ou uma sessão de treino após o trabalho, ter esses momentos previamente agendados elimina a barreira da indecisão e facilita a manutenção da atividade física regular. Vamos abordar mais sobre os treinos na próxima seção deste livro.

Uma rotina regular não só facilita o gerenciamento do tempo durante o dia, mas também pode melhorar significativamente a qualidade do sono. Dormir e acordar a horas consistentes ajuda a regular o relógio biológico do corpo, o que, por sua vez, melhora o sono noturno. Um sono reparador é essencial não apenas para a recuperação física e mental, mas também para a regulação dos hormônios que influenciam o apetite e o metabolismo, aspectos cruciais para quem está em uma jornada de emagrecimento. Trataremos mais sobre o sono em uma seção específica à frente.

Estabelecer e manter uma rotina organizada é, portanto, muito mais do que apenas um método de gerenciamento de tempo; é uma estratégia abrangente que beneficia a saúde mental e física. Ao reduzir a fadiga de decisão, preparar-se contra as tentações, construir consistência na atividade física e promover um sono de qualidade, estamos criando um ambiente propício não só para alcançar metas de emagrecimento, mas também para viver uma vida mais saudável e equilibrada. Esses pilares não apenas moldam nosso dia a dia, mas também pavimentam o caminho para realizações duradouras e significativas em nossa saúde e bem-estar.

Sofia, uma jovem de 31 anos, sempre lutou com o seu peso. Ela tentou todas as dietas da moda, desde sucos detox até dietas ricas em proteínas. No entanto, seu peso oscilava e a frustração crescia. Uma tarde, depois de uma sessão de choro causada por mais uma tentativa frustrada de dieta, Sofia decidiu repensar sua abordagem.

Ela notou que, apesar de suas diversas tentativas de dietas, nunca havia realmente estruturado sua rotina diária. Sua alimentação era caótica, muitas vezes pulando refeições ou comendo em horários irregulares, e seu exercício era esporádico.

Sofia então decidiu começar pequeno. Ela começou organizando a sua semana, planejando as suas refeições e lanches e designando horários específicos para exercícios de apenas 20 minutos por dia. Com o tempo, Sofia notou que estava tomando decisões mais saudáveis quase automaticamente, sem o estresse de antes.

Três meses depois, Sofia não apenas perdeu 18kg, mas sentiu uma transformação em sua energia e autoestima. Ela descobriu que o segredo não estava na última dieta da moda, mas em ter uma rotina diária que a apoiava em suas escolhas de saúde.

A transformação verdadeira não aconteceu quando mudei minha dieta, mas quando mudei a minha rotina. compartilhou Sofia.

O emagrecimento não é apenas sobre contar calorias ou se esforçar ao máximo na academia. É sobre criar uma estrutura diária que apoie e facilite decisões saudáveis. A organização de nossa rotina pode ser a chave para criar um ambiente propício para alcançar nossos objetivos de saúde e bem-estar. E, como Sofia nos mostrou, a verdadeira transformação começa com a simples decisão de planejar e organizar nosso dia.

COMO UMA ROTINA AJUDA NA PREPARAÇÃO DE REFEIÇÕES E NA DEDICAÇÃO AO EXERCÍCIO.

Em meio ao frenesi da vida moderna, encontrar tempo para cuidar de si mesmo, seja através de uma alimentação saudável, exercício regular ou simplesmente tendo um momento para relaxar, pode parecer uma tarefa hercúlea. No entanto, estabelecer uma rotina bem planejada pode ser o segredo para atingir um equilíbrio mais saudável que favoreça tanto a mente quanto o corpo. A organização diária não apenas simplifica as tarefas cotidianas, mas também potencializa nossa capacidade de manter um estilo de vida saudável. Vamos explorar como uma rotina organizada pode transformar nosso dia a dia, tornando-nos mais saudáveis e focados.

A preparação de refeições é um exemplo claro de como a rotina pode impactar positivamente nossa saúde. Planejar o que comer durante a semana elimina o estresse diário de decidir "o que cozinhar hoje" e ajuda a evitar escolhas alimentares impulsivas e menos saudáveis. Quando sabemos com antecedência o que será preparado, fica mais fácil resistir à tentação de recorrer a fast foods ou alimentos processados. Além disso, a organização com compras semanais, baseadas em um menu planejado, evita desperdícios e compras desnecessárias. Com todos os ingredientes necessários em mãos, é possível dedicar um tempo específico para cozinhar, tornando o processo não apenas mais eficiente, mas também mais prazeroso.

O planejamento das refeições também permite uma maior diversidade nutricional. Ao variar os pratos ao longo da semana, garantimos uma alimentação mais rica e diversificada, essencial para a manutenção da saúde. Esse tipo de organização não apenas beneficia nosso corpo, mas também nossa mente, ao reduzir a ansiedade relacionada à alimentação e aumentar a satisfação com as refeições.

A história de Juliana, uma aluna da minha mentoria, ilustra perfeitamente o impacto positivo de uma rotina alimentar organizada. Com uma vida agitada e sem uma rotina definida, Juliana frequentemente optava por comidas prontas ou delivery. No entanto, ao estabelecer uma rotina de planejamento semanal de refeições, ela não só começou a comer de forma mais saudável, mas também redescobriu o prazer de cozinhar. Essa mudança trouxe melhorias significativas em sua saúde e energia diária, demonstrando como pequenas alterações na organização do dia a dia podem ter grandes efeitos em nosso bem-estar.

Portanto, ao mergulharmos no poder transformador de uma rotina organizada, percebemos que além de facilitar o gerenciamento de nosso tempo, ela é fundamental para a promoção de um estilo de vida saudável. As rotinas nos ajudam a estabelecer prioridades, focar em nossos objetivos de saúde e, o mais importante, encontrar tempo para cuidarmos de nós mesmos em meio às demandas da vida contemporânea. Assim, cultivar hábitos diários de organização e planejamento não é apenas uma forma de manter a ordem, mas uma estratégia essencial para viver de maneira mais saudável e satisfatória.

ORGANIZANDO O CARDÁPIO SEMANAL:

Desenvolver um cardápio semanal que alinhe-se aos seus objetivos nutricionais e de saúde.

PASSO A PASSO:

1. **Avalie suas necessidades e objetivos: Antes de tudo, reflita sobre seus objetivos. Você está procurando emagrecer, ganhar massa muscular, manter o peso, ou simplesmente ser mais saudável?**

2. **Faça uma lista de ingredientes: Baseado em suas necessidades, faça uma lista de ingredientes que gostaria de incorporar em sua dieta. Por exemplo: se o seu objetivo é ter mais energia, inclua mais grãos integrais, frutas e proteínas magras.**

3. **Desenvolva o cardápio: Escreva um menu para cada dia da semana. Certifique-se de incluir café da manhã, almoço, jantar e lanches. Pense nas porções e na variedade ao longo da semana.**

- Segunda:

- Terça:

- Quarta:

- Quinta:

- Sexta:

- Sábado:

- Domingo:

4. **Revise e ajuste: Após o primeiro rascunho, reveja e faça os ajustes necessários. Lembre-se de considerar sua agenda semanal - em dias mais ocupados, opte por refeições mais simples ou que possam ser preparadas com antecedência.**

5. **Comprometa-se a seguir o plano: Mantenha seu cardápio em um local visível, como na geladeira ou no quadro de avisos. Revisite e ajuste conforme necessário, mas tente seguir o plano o máximo possível.**

Rodrigo, outro aluno da mentoria, encontrava dificuldades em se manter regular na academia. Com compromissos profissionais e familiares, ele costumava dizer que "não tinha tempo". No entanto, ao criar uma rotina matinal de exercícios, mesmo que por apenas 20 minutos, Rodrigo começou a perceber as mudanças. Ele não só começou a emagrecer e a ganhar músculos, mas também sentiu uma melhora em seu humor e em seus níveis de energia.

ORGANIZANDO AS ATIVIDADES FÍSICAS:

Incorporar exercícios físicos em sua rotina diária, garantindo consistência e comprometimento.

PASSO A PASSO:

1. **Defina seus objetivos: Seja para emagrecer, ganhar massa muscular, ter definição muscular, melhorar a resistência ou simplesmente se manter ativo, saiba o que deseja alcançar. Escreva abaixo como é o seu corpo dos sonhos:**

____

____

____

____

2. **Avalie sua rotina atual: Identifique os melhores horários em sua rotina para se dedicar ao exercício. Algumas pessoas preferem treinar pela manhã para aumentar o nível de energia durante o dia, enquanto outras se sentem mais confortáveis à noite.**

3. **Escolha um horário fixo: Com base em sua análise, defina um horário específico todos os dias (ou os dias que pretende treinar) e comprometa-se a cumprir esse horário. Escreva abaixo o horário em que irá treinar todos o dias, pode ser que, em um dia específico, você opte por um horário diferente:**

4. **Prepare-se com antecedência: Na noite anterior, prepare tudo que precisará para o treino - roupas, tênis, garrafa de água, toalha, etc. Isso diminuirá as chances de procrastinação.**

5. **Monitore o seu progresso: Tenha um diário ou aplicativo de treino para acompanhar seu progresso, anotando os exercícios realizados, duração, intensidade e como se sentiu após cada sessão. Isso servirá não apenas como um motivador, mas também como uma ferramenta para ajustar seu regime conforme necessário.**

Ao completar essas tarefas, você estará dando passos concretos em direção a um estilo de vida mais saudável e organizado. Lembre-se de que a consistência é a chave, então comprometa-se com suas escolhas e celebre cada pequeno sucesso ao longo do caminho.

Estabelecer e manter uma rotina pode parecer um desafio à primeira vista, mas os benefícios de longo prazo para a saúde física e mental são imensuráveis. Uma rotina bem planejada pode ser o segredo para equilibrar a saúde, a carreira e os compromissos pessoais, conduzindo a uma vida mais plena e equilibrada.

A SENSAÇÃO DE CONTROLE E SUA RELAÇÃO COM ESCOLHAS SAUDÁVEIS.

Em um mundo em constante mudança, onde as notificações nunca param e a pressão parece sempre aumentar, a sensação de controle pode muitas vezes nos escapar. Como uma folha ao vento, podemos nos sentir jogados de um lado para o outro, sem direção clara ou propósito. Essa perda de controle, muitas vezes, se reflete nas escolhas que fazemos, especialmente aquelas relacionadas à nossa saúde e bem-estar.

Imagine, por um momento, que nossas escolhas diárias são como notas musicais. Quando temos o controle, essas notas criam uma melodia harmoniosa, um ritmo que nos faz sentir bem e equilibrados. Comemos alimentos que nutrem nosso corpo, encontramos tempo para atividades físicas que nos revigoram, e damos espaço para práticas de autocuidado que renovam nossa mente. No entanto, sem esse controle, as notas podem se tornar dissonantes, levando a escolhas impulsivas e, muitas vezes, prejudiciais.

Mas, o que realmente significa ter controle? Não é sobre ter uma mão firme em todas as circunstâncias, mas sim sobre entender e reconhecer o que realmente importa. É sobre definir prioridades e estar consciente do impacto das nossas decisões. Quando reconhecemos a relação entre o controle e nossas escolhas, começamos a ver o poder que reside em nossas mãos.

A sensação de controle é como um músculo; quanto mais o exercitamos, mais forte ele se torna. Começa com pequenos passos: talvez seja estabelecer uma rotina matinal, definir limites claros entre trabalho e tempo pessoal, ou simplesmente reservar um momento do dia para reflexão. Aos poucos, esses pequenos atos de autonomia começam a tecer um padrão, uma tapeçaria de escolhas saudáveis que não só beneficiam nosso corpo, mas também nossa mente e espírito.

Porque, no final, ter controle não é apenas sobre dominar a nossa agenda ou lista de tarefas; trata-se de orquestrar uma vida que ressoe com os nossos valores mais profundos, na qual cada escolha é uma nota em nossa melodia única. Ao fazermos isso, não apenas encontramos harmonia em nossas vidas, mas também abrimos espaço para uma saúde e bem-estar duradouros.

Fabiana sempre foi uma mulher cheia de vida. Alegre, extrovertida e cercada de amigos, ela tinha uma habilidade natural para iluminar qualquer sala com sua presença. No entanto, por trás daquele sorriso largo, havia uma luta interna que muitos não viam: a batalha constante com o seu peso e sua autoimagem.

Desde a adolescência, Fabiana enfrentou altos e baixos na balança. Tentou todas as dietas da moda, inscreveu-se em inúmeras academias e até recorreu a suplementos e pílulas mágicas na esperança de encontrar a solução. Mas, após cada tentativa frustrada, ela sentia uma sensação crescente de derrota. Era como se um peso emocional se somasse ao físico, e ela se perdia mais e mais no turbilhão de emoções negativas.

Certa noite, ao vasculhar velhos álbuns de fotos, Fabiana encontrou uma imagem sua aos 16 anos. A garota na foto irradiava confiança, mesmo estando acima do peso considerado "ideal". Aquilo a fez refletir: "Quando foi que comecei a me medir pelo número na balança? Quando foi que permiti que meu peso determinasse o meu valor?"

Foi aí que Fabiana decidiu mudar a abordagem. Em vez de buscar dietas restritivas ou soluções rápidas, ela procurou entender sua conexão emocional com a comida e as regulações emocionais proporcionadas pelo exercício físico. Participou ativamente do grupos de apoio da minha mentoria, fez terapia e começou um diário no qual escrevia sobre os seus sentimentos, desejos e, o mais importante, sobre as suas vitórias diárias, por menores que fossem.

Ao longo de meses, Fabiana percebeu que suas escolhas alimentares frequentemente estavam ligadas às suas emoções. Comer tornou-se uma forma de lidar com o estresse, a tristeza ou até mesmo com a alegria. Mas, ao reconhecer esse padrão, ela pôde começar a mudá-lo. Em vez de recorrer à comida como conforto, ela buscava outras formas de lidar com suas emoções: uma caminhada ao ar livre, um banho relaxante ou uma conversa honesta com um amigo ou familiar.

O resultado? Fabiana começou a perder peso, não porque estava seguindo uma dieta rigorosa, mas porque passou a fazer escolhas alinhadas com o seu bem-estar emocional e físico. Ainda mais significativo do que a transformação física foi a transformação interna. Fabiana reaprendeu a amar a si mesma, independente do número mostrado na balança.

A jornada de emagrecimento de Fabiana é uma lição sobre como a conexão emocional é crucial no processo. Não é apenas sobre o que comemos, mas sobre por que comemos. Ao entender e respeitar as nossas emoções, podemos fazer escolhas mais saudáveis para nosso corpo e nossa mente. E, no final das contas, essa é a verdadeira definição de saúde.

NO MUNDO MODERNO, NO QUAL A DISTRAÇÃO ESTÁ SEMPRE À ESPREITA, A TÉCNICA POMODORO SURGE COMO UMA BÚSSOLA, GUIANDO-NOS ATRAVÉS DAS NÉVOAS DA PROCRASTINAÇÃO E DO GERENCIAMENTO INEFICAZ DO TEMPO, RUMO À PRODUTIVIDADE E AO ÊXITO EM NOSSAS TAREFAS DIÁRIAS.

PARTE 3

SONO DE QUALIDADE

DA MESMA FORMA QUE A MANHÃ É A PREPARAÇÃO PARA O DIA, A NOITE É A HORA DE DESACELERAR E REFLETIR, PREPARANDO-SE PARA UM SONO REPARADOR.

CAPÍTULO 1

O PODER TRANSFORMADOR DO SONO

Dentro da jornada de emagrecimento, a dieta e o exercício frequentemente recebem grande atenção, o que é absolutamente essencial. No entanto, um componente igualmente crucial muitas vezes é negligenciado: o sono de qualidade. As horas de descanso não são apenas vitais para a saúde mental e o bem-estar emocional, mas também desempenham um papel significativo na capacidade de perder peso e manter uma forma física saudável. Explorar a ciência por trás do sono e seu impacto transformador no emagrecimento revela por que devemos considerar o descanso noturno uma prioridade em nossas vidas.

Durante o sono, o corpo se dedica à regulação de uma série de hormônios que são essenciais para o controle do apetite e do metabolismo. Dois hormônios em particular, a grelina, que estimula a fome, e a leptina, que sinaliza a saciedade, são cruciais no contexto do peso. A privação de sono pode perturbar o equilíbrio desses hormônios, aumentando a grelina e diminuindo a leptina, o que nos faz sentir mais fome do que o normal. Esse desequilíbrio hormonal pode facilmente conduzir a excessos alimentares e escolhas impulsivas, prejudicando significativamente os esforços de emagrecimento.

Além disso, a qualidade do sono afeta diretamente a maneira como nosso corpo responde à insulina, o hormônio responsável por controlar a concentração de açúcar no sangue. Um sono inadequado pode levar a uma resposta insuficiente à insulina, resultando no armazenamento de gordura em vez de sua utilização como energia. Esse processo não só dificulta a perda de peso, como também aumenta o risco de desenvolver condições como a resistência à insulina e eventualmente diabetes tipo 2.

O sono também é fundamental para quem está engajado em um regime de exercícios regular. É durante o período de descanso que o corpo repara e recupera os músculos. Sem um sono adequado, podemos sofrer de fadiga, o que reduz a motivação e a energia para se exercitar no dia seguinte. A falta de energia não só compromete a eficácia do exercício como também diminui a regularidade com que nos exercitamos.

Ademais, o sono tem um impacto significativo na função cerebral, influenciando diretamente nossa capacidade de tomar decisões racionais e controlar impulsos. Em um estado de privação de sono, é mais provável que façamos escolhas alimentares pobres, optando por alimentos ricos em calorias e gorduras, e que tenhamos dificuldade em resistir a tentações alimentares.

Por fim, dormir bem é um eficaz redutor de estresse. O estresse crônico leva ao aumento da produção de cortisol, um hormônio que pode induzir ao ganho de peso, especialmente na região abdominal. Gerenciar o estresse através de um sono de qualidade pode ajudar a mitigar esses efeitos e promover um ambiente hormonal mais favorável ao emagrecimento.

Concluindo, embora frequentemente subestimado, o sono é um aliado poderoso na jornada de emagrecimento. Para abraçar verdadeiramente um estilo de vida saudável e alcançar uma perda de peso sustentável, é essencial considerar todos os aspectos da saúde, incluindo um descanso adequado. A ciência claramente demonstra que, para um emagrecimento eficaz e duradouro, o sono deve receber a mesma prioridade que a dieta e o exercício. Portanto, não se trata apenas de o que você come ou o quanto você se exercita, mas também sobre o quanto você descansa.

ENTENDENDO AS FASES DO SONO

Desde tempos imemoriais, a humanidade tem buscado um elixir mágico para a saúde e a vitalidade. Enquanto muitos ainda procuram soluções em potes e pílulas, subestimam frequentemente uma das chaves mais fundamentais para o bem-estar e o emagrecimento eficaz, que está, literalmente, ao alcance de todos todas as noites: um sono profundo e restaurador.

O sono, essa função biológica essencial, é um período em que o corpo não apenas descansa, mas também realiza uma série de processos vitais que afetam tudo, desde nossa saúde mental até nossa capacidade física de regeneração e recuperação. Ao longo da noite, nosso corpo passa por várias fases de sono, cada uma com características únicas e benefícios específicos para nossa saúde.

A primeira fase, conhecida como sono leve, é a fase de transição em que começamos a adormecer. Estamos à beira do sono, flutuando entre a vigília e o mundo dos sonhos. Essa fase serve como um portal suave que nos afasta da consciência plena e nos prepara para fases mais profundas do sono.

Avançando na noite, entramos no sono REM, ou Movimento Rápido dos Olhos. Esta é frequentemente chamada de fase dos sonhos vívidos, pois é quando os sonhos são mais frequentes e intensos. Durante o REM, os olhos se movem rapidamente sob as pálpebras, e o cérebro exibe padrões de atividade similares aos da vigília. Tal estágio é crucial para processar emoções e solidificar memórias. É um momento em que o cérebro 'organiza' o que aprendemos durante o dia, integrando novas informações ao nosso repertório de longo prazo.

Por fim, alcançamos o sono profundo, ou sono delta, que é a fase mais restauradora do sono. É aqui que o corpo entra em modo de recuperação total. Os músculos são reparados, o crescimento e a regeneração celular são promovidos, e, o mais importante para aqueles preocupados com a saúde física e o emagrecimento, os hormônios são regulados. Hormônios como o hormônio do crescimento, essencial para a reparação e crescimento dos tecidos, e a leptina e a grelina, que regulam o apetite, são ajustados durante essa fase.

Entender e respeitar essas diferentes fases do sono é crucial para qualquer pessoa que busca melhorar a saúde e facilitar o emagrecimento de maneira natural. Ignorar a importância do sono é negligenciar um componente fundamental que pode transformar nossa saúde de maneiras que nenhum suplemento ou medicamento pode igualar. Portanto, enquanto continuamos nossa busca pelo bem-estar, é essencial reconhecer que um dos mais poderosos elixires para a saúde não é encontrado em um frasco, mas no ato restaurador de dormir profundamente.

Apreciar o sono não apenas como uma necessidade, mas como uma potente ferramenta de saúde, é dar um passo significativo em direção a uma vida mais equilibrada e saudável. Por isso, valorizar cada noite de descanso é valorizar um pilar fundamental na construção de um corpo saudável e uma mente clara.

A magia do sono profundo reside em sua capacidade de regular os hormônios que controlam o nosso apetite, o metabolismo e a maneira como o nosso corpo armazena energia. Durante o sono profundo os seguintes hormônios são regulados:

- Grelina e Leptina: A grelina, hormônio que nos faz sentir fome, é reduzida, enquanto a leptina, hormônio da saciedade, é aumentada. Isso equilibra nossa fome e nos impede de comer em excesso.
- Insulina: Uma noite de sono profundo ajuda a melhorar a sensibilidade à insulina, reduzindo o risco de resistência à insulina, o que pode levar a ganho de peso e diabetes.
- Cortisol: Conhecido como o "hormônio do estresse", níveis elevados de cortisol podem levar ao acúmulo de gordura abdominal. Um sono profundo ajuda a equilibrar esse hormônio, reduzindo o estresse e a tendência de ganhar peso.

O sono não é apenas uma fuga diária das preocupações do mundo. É um processo mágico e vital que regula o equilíbrio interno, rejuvenesce o corpo e, de maneira crucial, atua como um aliado silencioso na jornada do emagrecimento. Portanto, dê a devida importância a uma noite de sono profundo e veja como ele pode transformar a sua saúde e o seu corpo.

IMPORTÂNCIA DAS FASES DO SONO PARA O EMAGRECIMENTO.

Há algo surpreendente acontecendo todas as noites enquanto repousamos, algo que, se compreendido e aproveitado, pode ser a chave secreta para a otimização do emagrecimento. Sendo assim, mergulharemos profundamente na ciência por trás das fases do sono e a sua inextricável ligação com a perda de peso.

A cada noite, enquanto a nossa consciência vagueia pelo mundo dos sonhos, o nosso corpo passa por fases distintas de sono. Tais fases, ao contrário do que muitos pensam, não são apenas uma pausa no dia, mas uma orquestra meticulosa de processos biológicos que impactam diretamente em nossa saúde e peso.

1. Sono Leve: Mesmo sendo a fase mais superficial, ela serve como um prelúdio, preparando o nosso corpo para as fases mais profundas do sono. Durante o sono leve, a nossa temperatura corporal começa a diminuir, sinalizando ao corpo que é hora de economizar energia.
2. Sono REM: Esse é o palco das emoções e dos sonhos. Além dos sonhos, essa fase tem uma função oculta: a queima de calorias. Surpreendentemente, durante o sono REM, o nosso cérebro está altamente ativo, consumindo energia e, consequentemente, calorias.
3. Sono Profundo: Aqui reside o tesouro para quem busca emagrecer. Durante essa fase ocorre o seguinte:
    - A recuperação muscular é maximizada, sendo essencial para aqueles que fazem exercícios físicos como parte de sua estratégia de emagrecimento.
    - A secreção do hormônio do crescimento (GH) é intensificada, favorecendo a queima de gordura.
    - Os hormônios do apetite, grelina (fome) e leptina (saciedade), são recalibrados, garantindo menos desejos impulsivos no dia seguinte.

Imagine acordar após uma noite de sono interrompido e sentir um desejo insaciável por alimentos açucarados e gordurosos. Isso não é coincidência. Sem passar adequadamente por cada fase do sono, a regulação hormonal fica comprometida. Resultado? Aumento da fome, desejo por alimentos não saudáveis e redução da saciedade.

Além disso, um sono inadequado pode levar à resistência à insulina, tornando mais difícil para o corpo processar os açúcares e levando ao acúmulo de gordura.

O sono não é apenas uma necessidade biológica, é uma ferramenta poderosa para aqueles que buscam secar a barriga. Respeitar e compreender cada fase do sono pode ser o diferencial na busca pelo corpo desejado. Assim, ao priorizar noites bem dormidas, você não está apenas se permitindo o repouso, mas também moldando ativamente a sua jornada de emagrecimento.

CLARA: A EXECUTIVA EXAUSTA

Clara era uma alta executiva em uma multinacional. Seus dias eram preenchidos com reuniões, viagens e muito estresse. Dormir bem era um luxo raro para Clara. Com o tempo, sua dieta desequilibrada e o sono fragmentado resultaram em um ganho de peso significativo. Certo dia, após uma avaliação médica, ela decidiu mudar. Clara investiu em um ambiente de sono mais propício: blackout nas janelas, um colchão de qualidade, treino diário, reeducação alimentar e, o mais importante, uma rotina regular de sono. O resultado? Em três meses, Clara perdeu 22kg, não apenas por ajustes na alimentação e treinos diários, mas, principalmente, devido à qualidade do sono que restaurou o seu equilíbrio hormonal.

PEDRO: O NOTÍVAGO ARREPENDIDO

Pedro era um universitário que acreditava que a noite era o melhor momento para socializar e estudar. Porém, esse hábito lhe custou mais do que olheiras: ganhou peso rapidamente. Um dia, inspirado por um vídeo que publiquei sobre sono, Pedro decidiu transformar os seus hábitos. Com um sono de qualidade, o seu apetite por alimentos gordurosos diminuiu e a energia durante o dia aumentou. Em dois meses, Pedro emagreceu 15kg, atribuindo grande parte desse sucesso às suas noites restauradoras.

LÍVIA: A MÃE EM RECUPERAÇÃO

Após o nascimento de seu segundo filho, Lívia estava constantemente cansada, sobrecarregada e ganhando peso. Ela se alimentava mal para compensar a exaustão. Uma conversa com um nutricionista revelou a ela a profunda ligação entre sono e emagrecimento. Com pequenas mudanças, como cochilos estratégicos e técnicas de relaxamento antes de dormir, Lívia começou a ver uma grande transformação. Em três meses, voltou ao seu peso pré-gravidez e se sentiu mais energizada do que nunca.

Essas histórias demonstram que o sono não é apenas uma função biológica - corresponde a uma força totalmente transformadora.

A perda de peso não se trata apenas de contar calorias, mas de saber ouvir e cuidar do seu corpo. E, como Clara, Pedro e Lívia mostraram, muitas vezes a chave para a transformação reside em uma boa noite de sono. Se eles conseguiram, você também consegue. Que suas noites de sono sejam o trampolim para dias mais leves e saudáveis!

O PAPEL VITAL DO RELÓGIO BIOLÓGICO

A vida moderna nos leva a esquecer que, no fundo, ainda somos criaturas da natureza, movendo-nos em sintonia com o ritmo do dia e da noite. Nesse tal ritmo, reside uma das mais sofisticadas ferramentas naturais que possuímos:o *relógio biológico*. E não, não estamos falando apenas de acordar ou dormir, mas sim de uma orquestra interna que regula desde os nossos níveis de energia até o humor.

Antes de nos aprofundarmos, permita-me contar a história da Cyntia, uma das minhas alunas mais dedicadas da mentoria online. Cyntia é uma profissional da saúde, trabalhava em turnos noturnos no hospital e vivia em altos e baixos energéticos. Constantemente, sentia-se exausta, irritada e, a cada tentativa de emagrecimento, encontrava um obstáculo inesperado: o seu próprio corpo.

Ao entrar para a mentoria, Cyntia não entendia por que, mesmo seguindo todas as recomendações alimentares e de exercícios, a balança parecia não ser sua amiga. Foi quando começamos a abordar o tema do relógio biológico que tudo mudou.

O QUE É O RELÓGIO E COMO ELE FUNCIONA?

Você já se perguntou por que sente sono sempre no mesmo horário? Ou por que às vezes acorda sem despertador exatamente na mesma hora todos os dias? Isso não é mera coincidência, é o nosso relógio biológico em ação.

Ancorado em uma pequena região do cérebro chamada núcleo supraquiasmático, o relógio biológico coordena os ritmos circadianos. Esses ritmos de 24 horas são responsáveis por regular diversas funções, como a digestão, o metabolismo, o humor e, é claro, o sono.

Nosso relógio interno é grandemente influenciado pela luz solar. Você já se sentiu mais alerta com a luz do sol? Ou notou uma queda de energia quando o sol se põe? A Cyntia notou. Depois de reajustar os seus horários e se expor mais à luz natural durante o dia, a melhora no humor e na energia dela foi evidente.

A mesma Cyntia, que lutava contra a balança, começou a perceber mudanças quando alinhou a sua alimentação ao ritmo circadiano. O seu corpo digeria melhor os alimentos e utilizava a energia de forma mais eficiente quando ela comia em horários regulares, em sintonia com o seu relógio interno.

Com o relógio biológico ajustado, Cyntia notou uma redução nas oscilações de humor. Além disso, as terríveis vontades noturnas de comer doces começaram a desaparecer. Por quê? Simplesmente porque o seu corpo, estando em harmonia com o seu ciclo natural, demandava menos compensações.

Como Cyntia e muitos de nós, o mundo moderno trouxe desafios ao nosso relógio biológico. Seja pela mudança de fuso horário em viagens ou pela constante exposição à luz azul das telas, precisamos estar cientes disso para fazer os ajustes necessários.

Cyntia é apenas um exemplo do poder transformador de entender e respeitar o nosso relógio biológico. Através da mentoria, ela não só alcançou os seus objetivos de emagrecimento, como também redescobriu a alegria de viver em sintonia com o seu corpo. E você? Está pronto para sintonizar o seu relógio interno e embarcar nessa jornada de bem-estar e saúde?

CAPÍTULO 2

O IMPACTO DO SONO NO APETITE E NAS ESCOLHAS ALIMENTARES

A maioria de nós já experimentou aquele desejo insaciável por fast food após uma noite mal dormida. No entanto, poucos param para refletir sobre por que isso acontece e como o sono influencia diretamente nossas escolhas alimentares. Compreender essa conexão é fundamental, especialmente para quem está em uma jornada de emagrecimento, pois um sono de qualidade pode ser um dos principais aliados para alcançar esse objetivo.

Quando não dormimos bem ou o suficiente, nosso corpo passa por uma série de alterações que afetam diretamente nosso apetite e as escolhas alimentares que fazemos. Duas mudanças são particularmente relevantes nesse contexto: o desequilíbrio hormonal e as decisões impulsivas. O sono insuficiente afeta a produção de dois hormônios cruciais na regulação do apetite - a grelina e a leptina. A grelina, conhecida como o hormônio da fome, tem seus níveis elevados quando estamos privados de sono. Por outro lado, a leptina, que sinaliza a sensação de saciedade, tem sua produção diminuída. Essa combinação faz com que sintamos mais fome enquanto nossa capacidade de sentir saciedade é comprometida, resultando em um aumento do consumo calórico.

Além disso, a privação de sono também compromete o funcionamento do córtex pré-frontal, área do cérebro responsável pela tomada de decisões e pelo controle de impulsos. Com a atividade dessa região cerebral reduzida, tornamo-nos menos capazes de resistir a tentações e mais propensos a fazer escolhas alimentares pouco saudáveis. Portanto, a falta de um descanso adequado pode fazer com que alimentos ricos em calorias e gorduras, como batatas fritas e chocolates, pareçam quase irresistíveis.

Para ilustrar melhor, imagine o cenário após uma noite de sono ruim: o alarme toca e você se sente exausto, precisando de uma dose extra de energia. É provável que, logo pela manhã, você opte por um café mais açucarado ou por opções de café da manhã mais calóricas. À medida que o dia avança, as escolhas por lanches calóricos se tornam mais frequentes, e aquela salada fresca para o almoço perde seu apelo. Mesmo que o jantar comece de maneira saudável, a sobremesa e os lanches noturnos se tornam mais tentadores. O motivo por trás dessas escolhas é que seu corpo está tentando compensar a energia que não foi recuperada durante a noite.

Portanto, o sono não deve ser visto apenas como um período de descanso, mas como um regulador essencial do apetite e das escolhas alimentares. Para aqueles que buscam emagrecer ou simplesmente manter um estilo de vida saudável, é crucial garantir tanto a qualidade quanto a quantidade adequadas de sono. Uma boa noite de descanso pode fazer a diferença entre optar por uma maçã ou um donut no café da manhã. Antes de focar exclusivamente na alimentação, lembre-se de que dormir bem pode ser seu maior aliado no caminho para uma vida mais saudável e equilibrada. Tal compreensão não só ajuda a criar estratégias mais eficazes para o emagrecimento, como também melhora significativamente a qualidade de vida em geral.

EXPERIÊNCIAS REAIS DE MUDANÇAS NA ALIMENTAÇÃO APÓS MELHORAR O SONO

O poder do sono não é apenas teórico ou confinado aos laboratórios de pesquisa. Há inúmeras histórias de alunos da minha mentoria que, ao melhorarem a qualidade do seu sono, testemunharam transformações tangíveis em seus hábitos alimentares e, consequentemente, em seu emagrecimento, saúde e bem-estar. Vamos explorar algumas dessas experiências inspiradoras para entender melhor como um bom sono pode ser a chave para uma alimentação mais consciente e saudável.

O CASO DE MARIANA

Mariana sempre foi uma amante de *fast-food*. Seu estilo de vida agitado e as longas horas de trabalho tornavam as refeições rápidas e calóricas uma opção atraente. No entanto, além de sua alimentação pouco saudável, Mariana frequentemente queimava a vela dos dois lados, dormindo apenas 4-5 horas por noite. Quando ela decidiu priorizar seu sono, garantindo pelo menos 7 horas de descanso de qualidade todas as noites, algo surpreendente aconteceu. Seus desejos por alimentos gordurosos e açucarados começaram a diminuir. Ela se encontrou naturalmente inclinada a alimentos menos calóricos e industrializados. Em questão de poucos meses, não apenas Mariana perdeu peso, mas também se sentiu mais energizada e focada.

O DESPERTAR DE GUSTAVO

Gustavo sempre teve um dente doce. Bolos, doces e refrigerantes eram seus companheiros diários. Ele também tinha o hábito de jogar videogames até altas horas da madrugada, muitas vezes sacrificando o sono. Quando decidiu mudar sua rotina, iniciando com um horário de sono regulado, ele notou que não sentia mais a necessidade constante de açúcar para se energizar. Aquele refrigerante diário deu lugar a sucos e, em vez de bolo no café da manhã, Gustavo começou a optar por alimentos mais saudáveis.

A TRANSFORMAÇÃO DE CARLA

Por anos, Carla Abreu confiou em cafés altamente calóricos e lanches ricos em carboidratos para passar o dia. A causa raiz? Noites ininterruptas causadas por insônia. Quando ela procurou minha ajuda e implementou práticas de higiene do sono, como meditação e um ambiente de sono adequado, a qualidade do seu repouso melhorou dramaticamente. Em pouco tempo, os cafés açucarados foram substituídos por chá verde e os lanches calóricos por castanhas e legumes. A melhoria em sua dieta, impulsionada por um sono melhor, levou Carla a um caminho de perda de peso e aumento de energia.

Essas histórias nos mostram que o sono e a alimentação estão intrinsecamente ligados. Ao garantir um sono de qualidade, esses indivíduos conseguiram, muitas vezes sem perceber inicialmente, fazer escolhas alimentares mais saudáveis e beneficiar sua saúde de várias maneiras. Se você está buscando inspiração para mudar sua relação com a comida, talvez a solução comece com uma boa noite de sono. E lembre-se: a transformação é possível - essas histórias reais são exemplos disso.

UM DOS MAIORES BENEFÍCIOS DE UMA ROTINA BEM ESTRUTURADA É A MINIMIZAÇÃO DA FADIGA DE DECISÃO.

CAPÍTULO 3

ESTRATÉGIAS PARA MELHORAR A QUALIDADE DO SONO

O sono desempenha um papel crucial no processo de emagrecimento. No entanto, com as demandas da vida moderna, o estresse, a tecnologia e outras distrações, muitos de nós enfrentamos dificuldades para obter um sono reparador. A boa notícia é que, com algumas estratégias bem fundamentadas, podemos otimizar nosso sono, beneficiando tanto a mente quanto o corpo. Vamos explorar algumas dessas técnicas que podem ajudá-lo a mergulhar em um sono mais profundo e restaurador, potencializando o emagrecimento.

Manter uma rotina regular de sono é essencial para uma vida saudável, e ajustes em nossos hábitos diários podem significativamente melhorar a qualidade do sono. A consistência no horário de ir para a cama e acordar é fundamental; tentar manter o mesmo horário todos os dias, inclusive nos fins de semana, pode ajudar a regular o relógio biológico, facilitando a manutenção de um ciclo saudável de sono-vigília. Os especialistas recomendam que adultos entre 18 e 63 anos durmam de 7 a 9 horas por noite para alcançar um descanso adequado. Além disso, desenvolver um ritual relaxante antes de dormir, como ler um livro, praticar exercícios de respiração profunda ou meditar, pode preparar o corpo e a mente para uma noite de sono tranquila, enquanto evitar atividades estimulantes antes de dormir é igualmente importante.

O ambiente de sono também desempenha um papel crucial na qualidade do descanso noturno. Um quarto escuro ajuda a sinalizar ao corpo que é hora de descansar, então o uso de cortinas blackout ou uma máscara de dormir pode ser muito benéfico. O silêncio é outro fator importante, pois o ruído pode interromper significativamente o sono. Usar protetores auriculares ou máquinas de ruído branco pode ajudar a criar um ambiente mais silencioso. A temperatura do quarto igualmente afeta o sono, com muitos achando que um ambiente fresco, geralmente entre 18-22°C, é ideal para dormir.

A alimentação tem uma influência direta no sono. Ingerir cafeína tarde da noite, por exemplo, pode perturbar o sono, por isso é recomendável limitar o consumo de cafeína à primeira metade do dia e evitar totalmente após as 15h. Comer refeições pesadas antes de dormir também deve ser evitado, pois pode causar desconforto e indigestão, dificultando o adormecimento.

Incorporar exercícios regulares na rotina diária pode melhorar significativamente a qualidade do sono, ajudando a adormecer mais rapidamente e a desfrutar de um sono mais profundo. Contudo, é importante não se exercitar muito perto da hora de dormir, pois a atividade física pode ser estimulante e ter o efeito oposto.

Limitar a exposição à luz azul antes de dormir é outra estratégia útil, visto que dispositivos eletrônicos, como smartphones, tablets e computadores, emitem um tipo de luz que pode interferir na produção de melatonina, o hormônio do sono. O uso de óculos bloqueadores de luz azul à noite ou aplicativos que reduzem a emissão de luz azul dos dispositivos pode ajudar a minimizar esse impacto.

Por fim, gerenciar o estresse é vital para uma boa noite de descanso. Técnicas de relaxamento como meditação, respiração profunda e ioga provaram ser eficazes. Manter um diário pode também ser uma ferramenta útil para liberar pensamentos e preocupações antes de dormir, facilitando um estado mental mais tranquilo.

Ao compreender e aplicar essas técnicas, você não apenas prepara o seu cérebro para o sucesso, mas também cria uma fundação sólida que permeia todos os aspectos de sua jornada para uma vida mais saudável. Ao incorporar esses ajustes em sua rotina diária, você estará no caminho certo para melhorar tanto a qualidade do seu sono quanto a sua saúde geral.

Investir na qualidade do sono é uma das formas mais eficazes de promover a saúde e o emagrecimento. Ao adotar essas estratégias e torná-las parte da sua rotina diária, você estará não apenas otimizando seu repouso, mas também dando um passo gigante em direção a um estilo de vida mais saudável e equilibrado.L embre-se: o sono não é apenas uma necessidade; é um catalisador para a transformação.

A IMPORTÂNCIA DA HIGIENE DO SONO: ESTABELECENDO UMA ROTINA

Uma paisagem urbana noturna, repleta de luzes cintilantes, sons e estímulos constantes, formou o cenário contemporâneo. Embora essa modernidade traga consigo inúmeros benefícios e conveniências, ela também trouxe um inimigo silencioso: a privação do sono. Neste mundo agitado, a higiene do sono, frequentemente negligenciada, tornou-se uma ferramenta crucial para garantir a qualidade do descanso noturno. Assim como a higiene dental protege nossa saúde bucal, a higiene do sono é a prática de cultivar hábitos que facilitam um sono de qualidade.

O termo "higiene do sono" pode parecer técnico, mas, essencialmente, refere-se à combinação de práticas e hábitos que nos ajudam a ter um sono noturno mais profundo e restaurador. É uma espécie de ritual que, ao ser repetido noite após noite, sinaliza ao corpo que é hora de desligar, relaxar e mergulhar no mundo dos sonhos.

Laura era uma profissional dedicada que sempre se esforçou ao máximo em sua carreira. Embora alcançasse sucessos profissionais, ela se sentia constantemente esgotada, irritada e com dificuldade de concentração. Ela acreditava que seu cansaço era apenas um efeito colateral de sua agenda lotada. No entanto, depois que a ensinei sobre a higiene do sono e implementamos uma rotina, Laura percebeu uma melhora notável em seu bem-estar geral e em seus impulsos alimentares. Vamos explorar o que Laura fez e como você também pode se beneficiar desses métodos.

A qualidade do sono é fundamental para o nosso bem-estar geral, algo que Laura descobriu ao implementar uma rotina de sono sólida e disciplinada. A consistência no horário de dormir e despertar foi o primeiro passo nessa direção. Ao ir para a cama e acordar no mesmo horário todos os dias, incluindo nos finais de semana, Laura conseguiu regular o relógio interno de seu corpo. Essa regularidade não só facilitou o processo de adormecer, como também ajudou a acordar mais revigorada.

Entender a importância de um ambiente propício para o sono foi outro pilar crucial na melhoria da sua higiene do sono. Laura investiu em cortinas mais espessas para escurecer seu quarto ao máximo e adquiriu um umidificador para manter o ar adequado durante a noite.

Ela também começou a usar protetores auriculares para bloquear os sons da cidade, criando assim um ambiente tranquilo que favorecia um sono ininterrupto.

Além de ajustar o ambiente físico, Laura reconheceu a importância de estabelecer rituais relaxantes antes de dormir, substituindo hábitos que poderiam interferir no relaxamento. Ela trocou a verificação de e-mails e redes sociais por atividades mais calmantes como ler um livro, meditar e tomar um banho quente. Esses rituais noturnos sinalizavam ao seu corpo que era hora de desacelerar e preparar-se para dormir.

Laura também aprendeu a evitar estimulantes como a cafeína nas horas que antecedem o sono, limitando seu consumo a mais cedo no dia. Da mesma forma, ela começou a limitar sua exposição à luz azul emitida por dispositivos eletrônicos antes de dormir, utilizando configurações de tela que minimizavam essa exposição. Essas mudanças ajudaram a reduzir a atividade cerebral estimulante ao entardecer, facilitando um adormecimento mais rápido e profundo.

À medida que esses hábitos foram solidificados em sua rotina diária, Laura notou uma melhora significativa em sua qualidade de vida. Ela começou a acordar se sentindo mais revigorada, notou uma melhora em sua concentração durante o dia e até mesmo uma mudança na sua relação com a comida. Estar bem descansada significava que seu corpo não buscava compensações em alimentos açucarados para obter energia rápida.

Portanto, a higiene do sono de Laura não apenas melhorou seu descanso noturno, mas transformou vários outros aspectos de sua saúde e estilo de vida. Estabelecer uma rotina de sono adequada provou ser não um luxo, mas uma necessidade vital para lidar com o estresse de nosso mundo agitado. Os benefícios que ela experimentou são um testemunho do impacto profundo que um sono de qualidade pode ter em nossa saúde física e mental.

CAPÍTULO 4

SONO E RECUPERAÇÃO MUSCULAR

O PAPEL DO SONO NA REPARAÇÃO E CRESCIMENTO MUSCULAR

Se os músculos pudessem falar, eles cantariam louvores à magia da noite. Por quê? Porque é no silêncio profundo da noite, enquanto nos entregamos ao sono, que eles encontram o seu momento de rejuvenescimento.

Muitas pessoas dedicam horas na academia, investindo em repetições, séries e cargas para desenvolver e fortalecer a musculatura. No entanto, o que muitos não percebem é que o processo real de reconstrução e crescimento muscular não acontece durante esses exercícios extenuantes, mas sim quando estão em repouso, particularmente durante o sono profundo.

O sono não é apenas um desligar do cérebro; é o centro de comando para a reparação do corpo. Durante as fases profundas do sono, o corpo aumenta a produção de hormônios anabólicos, como o hormônio do crescimento humano. Esse hormônio é o maestro por trás da sinfonia da recuperação muscular. Ele orquestra a reparação das fibras musculares que foram desgastadas durante o exercício, garantindo que elas não apenas se reparem, mas também cresçam mais fortes.

Além disso, um sono adequado também ajuda a reduzir os níveis de cortisol, o hormônio do estresse. Níveis elevados de cortisol podem ser inimigos do músculo, retardando o processo de recuperação e promovendo a degradação muscular.

Portanto, se você está buscando emagrecimento com um foco especial na tonificação e fortalecimento muscular, não negligencie o papel do sono. Ele é como aquele personal trainer invisível que trabalha nos bastidores, garantindo que todo o esforço que você fez na academia se traduza em músculos mais saudáveis e fortes. E o melhor? Essa sessão de treinamento noturno não exige esforço da sua parte, apenas um travesseiro confortável e um ambiente propício para uma noite de sono tranquila.

SONO INSUFICIENTE: O INIMIGO SILENCIOSO DO SEU EMAGRECIMENTO

Imagine passar horas em uma academias ou fazendo aquele treino intenso em casa, suando a camisa, desafiando seus limites e sentindo aquela agradável sensação de dever cumprido ao final de uma sessão intensa de treino. Agora, imagine todo esse esforço indo por água abaixo simplesmente porque você não teve uma noite de sono adequada. Assustador, certo?

A relação entre o sono e a recuperação após exercícios físicos é mais do que uma simples percepção; ela é sustentada por sólidas evidências científicas que destacam o papel crítico do sono no processo de recuperação muscular. Quando adormecemos, nosso corpo não simplesmente descansa, mas entra em um estado de reparação e reconstrução intensa, essencial para a recuperação dos danos causados pelo exercício físico.

Um dos fatores chave nesse processo é o Hormônio do Crescimento Humano (GH), que é secretado predominantemente durante as fases profundas do sono. O GH é vital para a reparação de tecidos e o crescimento muscular, desempenhando um papel crucial na reconstrução das fibras musculares que sofrem microlesões durante as atividades físicas. Uma noite de sono interrompida ou insuficiente pode levar a uma secreção subótima desse hormônio, comprometendo significativamente a recuperação muscular.

Outro aspecto importante é o efeito do cortisol, conhecido como o hormônio do estresse, que possui um efeito catabólico sobre o corpo. Isso significa que ele pode facilitar a quebra de tecidos, incluindo os músculos. A privação de sono é conhecida por elevar os níveis de cortisol, o que pode retardar a recuperação muscular e, ao longo do tempo, até mesmo contribuir para a perda de massa muscular.

Além disso, os processos de reparo e recuperação são intrinsecamente ligados à eficácia do sistema imunológico. O sono inadequado pode enfraquecer o sistema imunológico, tornando o corpo menos eficiente em reparar e construir tecidos, inclusive os músculos. Portanto, uma boa noite de sono é essencial para manter um sistema imunológico robusto, que por sua vez suporta a recuperação muscular eficaz.

Importante também é considerar não apenas a quantidade, mas a qualidade do sono. Dormir por um número adequado de horas é importante, mas essas horas precisam incluir períodos de sono profundo. Mesmo que se passe muito tempo na cama, interrupções frequentes do sono ou a incapacidade de alcançar o sono profundo comprometem a recuperação muscular.

Comparativamente, a ausência de um sono de qualidade pode ser vista como tentar construir uma casa sem permitir que o cimento seque adequadamente. A estrutura pode até ser erigida, mas sua integridade está comprometida. Assim, para quem se exercita regularmente, priorizar um sono reparador não é um luxo, mas uma necessidade crítica que suporta não apenas a recuperação física, mas também o desempenho e a saúde de longo prazo. Em resumo, investir em boas noites de sono é essencial para quem busca manter uma rotina de exercícios eficaz e saúde física otimizada.

A relação entre o sono e a recuperação após exercícios físicos é mais do que uma simples percepção; ela é sustentada por sólidas evidências científicas que destacam o papel crítico do sono no processo de recuperação muscular. Quando adormecemos, nosso corpo não simplesmente descansa, mas entra em um estado de reparação e reconstrução intensa, essencial para a recuperação dos danos causados pelo exercício físico.

Um dos fatores chave nesse processo é o Hormônio do Crescimento Humano (GH), que é secretado predominantemente durante as fases profundas do sono. O GH é vital para a reparação de tecidos e o crescimento muscular, desempenhando um papel crucial na reconstrução das fibras musculares que sofrem microlesões durante as atividades físicas. Uma noite de sono interrompida ou insuficiente pode levar a uma secreção subótima desse hormônio, comprometendo significativamente a recuperação muscular.

Outro aspecto importante é o efeito do cortisol, conhecido como o hormônio do estresse, que possui um efeito catabólico sobre o corpo. Isso significa que ele pode facilitar a quebra de tecidos, incluindo os músculos. A privação de sono é conhecida por elevar os níveis de cortisol, o que pode retardar a recuperação muscular e, ao longo do tempo, até mesmo contribuir para a perda de massa muscular.

Além disso, os processos de reparo e recuperação são intrinsecamente ligados à eficácia do sistema imunológico. O sono inadequado pode enfraquecer o sistema imunológico, tornando o corpo menos eficiente em reparar e construir tecidos, inclusive os músculos. Portanto, uma boa noite de sono é essencial para manter um sistema imunológico robusto, que por sua vez suporta a recuperação muscular eficaz.

Importante também é considerar não apenas a quantidade, mas a qualidade do sono. Dormir por um número adequado de horas é importante, mas essas horas precisam incluir períodos de sono profundo. Mesmo que se passe muito tempo na cama, interrupções frequentes do sono ou a incapacidade de alcançar o sono profundo comprometem a recuperação muscular.

Comparativamente, a ausência de um sono de qualidade pode ser vista como tentar construir uma casa sem permitir que o cimento seque adequadamente. A estrutura pode até ser erigida, mas sua integridade está comprometida. Assim, para quem se exercita regularmente, priorizar um sono reparador não é um luxo, mas uma necessidade crítica que suporta não apenas a recuperação física, mas também o desempenho e a saúde de longo prazo. Em resumo, investir em boas noites de sono é essencial para quem busca manter uma rotina de exercícios eficaz e saúde física otimizada.

Se você está em uma jornada de emagrecimento e busca o tão desejado ganho de massa muscular, dê ao seu corpo o descanso que ele merece. Cada repetição é apenas metade da batalha; a outra metade acontece sob os lençóis, no profundo e reparador abraço do sono.

CAPÍTULO 5

SONO, HORMÔNIOS E EMAGRECIMENTO

COMO UM SONO ADEQUADO PODE REDUZIR OS NÍVEIS DE CORTISOL, MINIMIZANDO O ARMAZENAMENTO DE GORDURA.

Nos corredores das academias e nos blogs de saúde, encontramos todo tipo de conselho sobre alimentação e exercício. No entanto, existe um elemento frequentemente esquecido que desempenha um papel monumental em nossa jornada de emagrecimento: o sono. Mais especificamente, a relação entre sono, estresse e o hormônio do estresse, o cortisol. Vamos mergulhar nesse tema e descobrir por que é fundamental prestar atenção nessa tríade.

A CONEXÃO ENTRE CORTISOL E ARMAZENAMENTO DE GORDURA

O cortisol, frequentemente chamado de "hormônio do estresse", é liberado pelas glândulas suprarrenais em resposta ao estresse. Seus níveis são geralmente mais altos pela manhã, diminuindo ao longo do dia. No entanto, em situações de estresse contínuo, seja ele físico, emocional ou psicológico, os níveis de cortisol podem permanecer elevados, mesmo à noite.

Níveis elevados e constantes de cortisol no corpo têm um impacto direto na maneira como armazenamos a gordura. O cortisol elevado encoraja o corpo a armazenar gordura, especialmente na região abdominal. Isso não apenas afeta a estética, mas também aumenta o risco de doenças cardiovasculares e diabetes tipo 2.

Aqui entra a maravilha do sono adequado. Quando dormimos bem e profundamente, nossos corpos têm a chance de reequilibrar nossos sistemas hormonais. O sono de qualidade permite que os níveis de cortisol voltem ao seu ritmo natural, reduzindo a produção excessiva e, consequentemente, diminuindo o armazenamento de gordura. Por outro lado, quando privamos nosso corpo do sono necessário, o cortisol pode disparar, sabotando nossos esforços de emagrecimento.

Talvez você tenha iniciado sua jornada de emagrecimento focando majoritariamente na dieta e nos exercícios. E, enquanto esses dois são componentes vitais, não subestime o poder do sono. Ao reconhecer a conexão entre sono, estresse e emagrecimento, você estará dando a si mesmo uma vantagem crucial. Afinal, cada hora de sono profundo não é apenas um momento de descanso, mas uma contribuição poderosa para a sua meta de emagrecimento. Então, ajuste seu alarme, prepare seu quarto e embarque na jornada rejuvenescedora do sono restaurador.

HORMÔNIOS DO SONO E EMAGRECIMENTO

À medida que a pesquisa avança na compreensão da relação entre sono e emagrecimento, fica claro que há um universo hormonal complexo e interligado trabalhando silenciosamente enquanto dormimos. Você sabia que a qualidade e a quantidade de seu sono podem afetar diretamente os hormônios que controlam seu apetite? Vamos mergulhar neste mundo fascinante e entender como a leptina e a grelina, dois protagonistas desse enredo, desempenham papéis cruciais na sua jornada de perda de peso.

LEPTINA E GRELINA: OS HORMÔNIOS QUE REGULAM O APETITE E A SACIEDADE

A *leptina* e a *grelina* são hormônios que desempenham papéis opostos, mas complementares, no controle do apetite. Eles são frequentemente referidos como os hormônios "da fome" e "da saciedade".

- Leptina: Produzida pelas células adiposas, a leptina é frequentemente apelidada de "hormônio da saciedade". Ela informa ao cérebro que temos energia armazenada suficiente e que não precisamos comer mais. Quando os níveis de leptina estão baixos, sentimos fome; quando estão altos, sentimos saciedade.

- Grelina: Produzida principalmente no estômago, a grelina é conhecida como o "hormônio da fome". Ela informa ao cérebro que o estômago está vazio e que precisamos comer. Quando os níveis de grelina estão altos, sentimos fome; quando estão baixos, nos sentimos satisfeitos.

COMO O SONO AFETA A LEPTINA E A GRELINA?

Estudos mostram que a privação do sono pode levar a um desequilíbrio nos níveis desses hormônios:

1. Leptina: A falta de sono adequado pode reduzir os níveis de leptina no corpo, fazendo-nos sentir menos saciados após comer. Isso leva a um consumo excessivo de alimentos, mesmo quando o corpo não necessita de energia adicional.
2. Grelina: O sono insuficiente tende a aumentar os níveis de grelina, aumentando assim a sensação de fome. Isso resulta em uma busca constante por comida, levando a escolhas alimentares impulsivas e, frequentemente, menos saudáveis.

POR QUE ISSO É IMPORTANTE PARA O EMAGRECIMENTO?

Os desequilíbrios na leptina e na grelina podem confundir os sinais de fome e saciedade do nosso corpo, tornando mais desafiador manter ou perder peso. Se você já se perguntou por que sente mais fome após uma noite mal dormida ou por que tem mais desejos por alimentos ricos em açúcar e gordura, a resposta pode estar na interação entre o sono e esses hormônios.

Entender a dança delicada entre a leptina e a grelina é fundamental para qualquer pessoa em uma jornada de emagrecimento. Ao priorizar o sono de qualidade, você está não apenas recarregando seu corpo e mente, mas também equilibrando os hormônios cruciais que influenciam o apetite e a saciedade. Portanto, dê ao sono o respeito que ele merece em seu plano de bem-estar; sua balança, e mais importante, seu corpo, irão agradecer.

O IMPACTO DIRETO DO SONO NA REGULAÇÃO DESSES HORMÔNIOS

Imagine uma balada noturna dentro do seu corpo, onde a leptina e a grelina, hormônios responsáveis pela nossa fome e saciedade, dançam ao ritmo do sono. Quando você se entrega a uma noite de sono profundo e reparador, a leptina brilha na pista de dança, fazendo você se sentir satisfeito e com menos desejo de beliscar no dia seguinte. Ela é como a DJ que toca aquela música suave, sinalizando que tudo está calmo e que você não precisa buscar energia extra em um lanche calórico.

Por outro lado, quando a festa do sono é interrompida ou cortada, a grelina assume o centro do palco, agitando a festa e aumentando seu desejo por alimentos. É como se ela mudasse a música para um ritmo mais agitado, fazendo você sentir que precisa de mais comida para acompanhar o ritmo.

Nessa dança noturna, o equilíbrio entre os dois é crucial. E quem controla o volume e a playlist é o seu sono. Portanto, se você deseja manter seu apetite em cheque e fazer escolhas alimentares saudáveis, dê ao seu corpo a noite de sono que ele merece. Assim, a leptina e a grelina podem dançar em harmonia, apoiando sua jornada de emagrecimento.

DURMA E EMAGREÇA

A busca pelo corpo ideal, em muitos casos, vai além da aparência física. Envolve sentimentos, autoestima, aceitação e uma série de outros fatores intrínsecos que, muitas vezes, são negligenciados. E, no centro dessa complexa teia de emoções e objetivos, está o sono - um aliado silencioso, mas extremamente influente.

UM DESCANSO PARA O CORPO, UMA REVITALIZAÇÃO PARA A MENTE

O primeiro ponto a se entender é que o sono não é apenas uma necessidade física. Sim, ele restaura e repara nosso corpo após um dia longo, mas também é fundamental para nossa saúde mental. Durante o sono, nosso cérebro processa as experiências do dia, solidifica memórias e regula emoções. Quando privados de um sono de qualidade, ficamos mais propensos a oscilações de humor, irritabilidade e sentimentos de desânimo - elementos contraproducentes na já desafiadora jornada de emagrecimento.

AUTOIMAGEM E SONO: REFLEXOS NO ESPELHO E NA MENTE

Quando dormimos bem, nossos níveis de cortisol, o hormônio do estresse, diminuem, enquanto a produção de serotonina, relacionada ao bem-estar, é potencializada. Esse equilíbrio hormonal favorece uma visão mais positiva de nós mesmos. Por outro lado, a privação do sono pode levar a um aumento da autocrítica, redução da paciência com os próprios progressos e uma tendência a focar nos aspectos negativos, dificultando a percepção das conquistas alcançadas.

Além disso, todos já experimentamos o impacto visível de uma noite mal dormida: olheiras, pele cansada e semblante abatido. Isso pode afetar diretamente como nos vemos e nos sentimos em relação ao nosso corpo.

Todo processo de emagrecimento exige determinação. As escolhas diárias, a resistência às tentações e o comprometimento com os exercícios se tornam mais fáceis quando estamos mentalmente revigorados. A falta de sono, ao contrário, pode diminuir a força de vontade, tornando mais difícil resistir a desejos alimentares não saudáveis ou pular aquela sessão de treino.

A ligação entre sono e autoestima durante o emagrecimento é profunda e multifacetada. Noites bem dormidas não apenas ajudam a moldar a forma como nos vemos, mas também alimentam a determinação e a resiliência necessárias para enfrentar os desafios da perda de peso. Em sua jornada de transformação, não subestime o poder do sono. Ele pode ser o suporte silencioso que você precisava para se ver e se sentir melhor a cada amanhecer.

Ao dormir bem, não estamos apenas recarregando nossas baterias para enfrentar um novo dia, mas também oferecendo ao nosso corpo a oportunidade de recalibrar, regenerar e rejuvenescer. Isso influencia diretamente a maneira como metabolizamos os alimentos, como reagimos ao estresse e, mais crucialmente, como nos percebemos.

A autoimagem é uma componente crítica na trajetória de perda de peso. Com noites bem dormidas, alimentamos nossa mente com positividade, fortalecemos nossa autoestima e cultivamos a resiliência necessária para superar os desafios que surgem no caminho. Afinal, quando estamos descansados, nossa capacidade de tomar decisões sábias sobre dieta e exercícios aumenta, e a tentação de desistir diminui.

Por fim, ao otimizar nossa higiene do sono e entender seu papel central no emagrecimento, estamos fazendo mais do que apenas buscar um número na balança. Estamos despertando para um novo eu: mais saudável, mais consciente e mais conectado ao que realmente importa. Emagrecer, então, deixa de ser apenas um objetivo estético e se transforma em uma jornada de autodescoberta e bem-estar.

Lembre-se de valorizar e honrar o poder restaurador do sono. Porque é durante essas horas tranquilas de descanso que você realmente se prepara para despertar para um novo e renovado você.

PARTE 4
TREINO DIÁRIO

O SONO TAMBÉM É FUNDAMENTAL PARA QUEM ESTÁ ENGAJADO EM UM REGIME DE EXERCÍCIOS REGULAR. É DURANTE O PERÍODO DE DESCANSO QUE O CORPO REPARA E RECUPERA OS MÚSCULOS.

CAPÍTULO 1

A ROTINA DE EXERCÍCIOS.

Se você já tentou amarrar um sapato com uma mão ou preparar o café da manhã com os olhos vendados, sabe que algumas coisas simplesmente funcionam melhor quando temos uma abordagem padronizada. O mesmo acontece com o exercício físico.

POR QUE ROTINA, AFINAL?

Aqui está a verdade: nosso corpo e mente amam a previsibilidade. Eles prosperam em estrutura. Imagina só, quando você estabelece uma rotina de exercícios, está enviando um sinal poderoso ao seu cérebro: "Ei, isso é importante para mim!" E, acredite ou não, seu cérebro responde. Ele se prepara, se energiza e até se anima!

ROTINA = RESULTADOS MULTIPLICADOS

Já ouviu dizer que consistência é a chave? Quando exercitamos regularmente, não apenas trabalhamos para eliminar aquela barriguinha indesejada ou tonificar os braços, mas estamos estabelecendo um ritmo. Esse ritmo ajuda a acelerar os resultados. E os resultados? Ah, eles são mágicos para a autoestima.

Além do físico, há uma tonelada de benefícios "invisíveis". Mais energia. Melhor humor. Maior foco e clareza mental. Ah, e aquele brilho na pele! Isso não é apenas suor, é o reflexo da saúde e da determinação.

Sem uma rotina, as desculpas encontram uma maneira de se infiltrar. "Hoje estou cansado. Amanhã eu começo". Com uma rotina bem estabelecida, essas desculpas começam a perder força. Por quê?

Porque a prática regular de exercícios se torna uma parte não negociável do seu dia.

Pense nisso: cada vez que você se compromete com sua rotina de exercícios, está conduzindo uma orquestra onde cada músculo, cada gota de suor, é uma nota musical. Juntos, eles criam uma sinfonia de saúde, vitalidade e confiança.

Então, que tal amarrar aqueles tênis e criar sua própria música?

A sensação de comprometer-se com uma rotina de exercícios e manter-se firme nela é incomparável. A cada dia, a cada semana e a cada mês que passa, os benefícios do exercício físico se multiplicam, moldando tanto nosso corpo quanto nossa mente. E, embora a jornada para a perda de peso e a tonificação muscular seja a motivação inicial para muitos, é essencial entender que os benefícios vão muito além da aparência física. Benefícios Imediatos:

- Boost de Energia: Já percebeu aquela sensação revigorante após uma boa corrida ou uma sessão intensa de treinamento? O exercício, ironicamente, é um fantástico energizante. Ele aumenta a circulação sanguínea, garantindo que as células recebam o oxigênio necessário para funcionar de maneira otimizada.
- Melhora do Humor: Assim que terminamos um treino, o corpo libera endorfinas, conhecidos como os "hormônios da felicidade". Esses hormônios naturais combatem o estresse e induzem uma sensação de euforia, similar ao "alto" que algumas pessoas sentem após comer chocolate.
- Sono de Qualidade: A prática regular de exercícios pode ajudar a dormir mais rapidamente e a aprofundar seu sono. Portanto, se você está tendo problemas para dormir, talvez um treino curto dentro de casa possa ser a solução.
- Perda de Peso e Tonificação: A persistência é a chave. Manter uma rotina de exercícios, especialmente combinada com uma alimentação equilibrada, resultará em perda de peso significativa e ajudará a tonificar e fortalecer os músculos. Aquela barriga indesejada? Com comprometimento, ela será apenas uma lembrança.
- Fortalecimento da Saúde Cardíaca: O coração é um músculo, e como todos os músculos, ele se beneficia do exercício. A ati-

vidade física regular fortalece o coração, permitindo que ele bombeie sangue mais eficientemente, reduzindo assim o risco de doenças cardíacas.

- Ossos Fortes: Os exercícios, especialmente a musculação, aumentam a densidade óssea, reduzindo o risco de osteoporose e fraturas à medida que envelhecemos.
- Melhora da Autoestima: Ao testemunhar as mudanças em seu corpo e sentir-se mais capaz fisicamente, sua autoestima recebe um impulso significativo. Você começa a se sentir mais confiante em sua pele, o que tem um efeito cascata em todos os aspectos de sua vida.
- Redução do Risco de Doenças Crônicas: Seja diabetes, hipertensão ou até mesmo certos tipos de câncer, o exercício regular demonstrou reduzir significativamente o risco de várias doenças crônicas.

Lembro-me de Carla, uma aluna de uma das minhas mentorias online. Ela iniciou sua jornada de exercícios em busca de um corpo mais esbelto, mas logo percebeu que os benefícios iam muito além. Carla compartilhou que a sensação de poder e controle sobre sua vida era o verdadeiro presente. Ela se tornou mais animada, dormia melhor e, mais importante, sentia-se mais confiante do que nunca. Sua história é um lembrete de que o exercício é um investimento não apenas em nossa saúde física, mas também em nosso bem-estar mental e emocional.

Os benefícios do exercício são vastos e transformadores. Portanto, ao embarcar ou continuar sua jornada de fitness, lembre-se de que cada gota de suor está construindo uma versão mais saudável, mais forte e mais confiante de você.

Júlia cresceu no coração de uma grande metrópole. Ela era uma mulher inteligente, brilhante em sua carreira como designer gráfica, mas a rapidez da vida urbana muitas vezes a deixava atolada em trabalho, com pouco tempo ou energia para se dedicar à sua saúde. Seu apartamento ficava a apenas alguns andares acima de uma variedade de opções de fast-food, e as entregas eram tão convenientes que a cozinha de Júlia muitas vezes ficava esquecida.

Enquanto os anos passavam, a falta de atividade física e a alimentação inadequada começaram a deixar suas marcas. Júlia começou a perceber que suas roupas estavam ficando mais apertadas, sua energia estava diminuindo, e aqueles voos de escadas até seu apartamento pareciam cada vez mais uma montanha insuperável.

A epifania de Júlia aconteceu durante uma reunião de família. Brincando com seus sobrinhos no jardim, ela se sentiu ofegante e cansada depois de apenas alguns minutos. Quando tentou se juntar a eles em uma pequena corrida, se viu incapaz de acompanhar crianças de 6 e 8 anos. No final do dia, uma foto de grupo foi tirada: ao olhar a imagem, Júlia mal reconheceu a mulher no centro da foto como a jovem vibrante que costumava ser.

Aquela noite, enquanto todos dormiam, Júlia chorou silenciosamente. Ela se sentia aprisionada em seu próprio corpo e sabia que algo tinha que mudar.

Dedicada a revolucionar sua vida, Júlia procurou ajuda. Ela me encontrou nas redes sócias, decidida a dar a si mesma as melhores chances de sucesso. Nos primeiros dias na academia, tudo parecia estranho e desconfortável. Ela se sentia desajeitada, fora de lugar, cercada por pessoas que pareciam saber exatamente o que estavam fazendo.

A jornada alimentar também não foi fácil. Aprender a cozinhar, medir porções e resistir às tentações exigia uma força de vontade que Júlia nem sabia que possuía. Mas com o tempo, os sabores frescos e naturais começaram a despertar seu paladar, e ela descobriu um amor pela culinária que nunca soube que tinha.

A cada desafio que surgia, Júlia enfrentava com determinação e coragem. As dores musculares dos primeiros dias de exercício se transformaram em músculos tonificados e uma energia renovada. A sensação de fome inicial foi substituída por um apetite saudável e uma compreensão de que a comida poderia ser combustível, não apenas consolo.

A história de Júlia é uma inspiração para todos que desejam retomar o controle de suas vidas. Ela mostra que, independentemente de onde começamos ou dos obstáculos que enfrentamos, com determinação e apoio, podemos reescrever nossa história. Hoje, Júlia emagreceu 25 kg, ela não apenas se transformou física e mentalmente, mas tornou-se uma faísca de inspiração para as pessoas da sua família, ajudando e motivando outros a embarcarem em suas próprias jornadas de transformação.

O CORPO E SUAS NECESSIDADES

O momento em que você inicia uma série de polichinelos ou levanta um peso é apenas o começo de uma extraordinária orquestra de mudanças que ocorrem em seu corpo. Para apreciar verdadeiramente a magia do movimento físico, é essencial entender o diálogo silencioso que ocorre internamente a cada atividade física que você realiza.

Desde o primeiro movimento, uma série de adaptações cardiovasculares começa. Seu coração acelera, trabalhando mais rapidamente para bombear sangue, oxigênio e nutrientes para os músculos em ação. Tanto a frequência cardíaca quanto a pressão arterial aumentam para atender a essa demanda. Com a prática regular de exercícios, o coração se torna mais eficiente e forte—um verdadeiro exemplo de como o uso adequado pode fortalecer um músculo, tornando-o mais saudável e resiliente.

Simultaneamente, sua respiração se aprofunda. Esse aumento na respiração permite que mais oxigênio chegue aos pulmões e, em seguida, ao resto do corpo. Esse oxigênio é crucial para os processos metabólicos que permitem que nossos músculos gerem energia necessária durante o exercício.

No nível celular, as mitocôndrias, que são as "usinas de energia" das células, intensificam a produção de ATP, a principal fonte de energia do corpo. Dependendo da intensidade e da duração do exercício, essa energia pode ser gerada de forma anaeróbica (sem oxigênio) para esforços rápidos e intensos, ou aeróbica (com oxigênio) para atividades mais longas e de menor intensidade.

Além disso, o exercício provoca o fortalecimento muscular através do enfrentamento da resistência, seja por levantamento de pesos, uso de bandas de resistência ou mesmo através do peso do corpo. Esse desafio causa pequenas rupturas nas fibras musculares, que durante períodos de descanso e recuperação, se reconstroem mais fortes do que antes, um processo fundamental para o crescimento e fortalecimento muscular.

O benefício do exercício não se limita apenas ao corpo; ele também exerce um impacto significativo sobre a mente. Durante a atividade física, o corpo libera endorfinas, neurotransmissores que funcionam como analgésicos naturais, reduzindo a percepção da dor e promovendo uma sensação de euforia, similar ao efeito da morfina.

Cada gota de suor, cada músculo que se contrai e cada respiração profunda não são apenas sinais de esforço físico, mas testemunhos da incrível capacidade de adaptação do corpo humano. Entender essas respostas nos permite apreciar ainda mais o que nossos corpos são capazes de fazer e destaca a importância do exercício, não apenas para a perda de peso, mas para promover um funcionamento otimizado e uma vida mais plena e saudável. Esse é o poder transformador do movimento: uma dança complexa de processos fisiológicos que, quando respeitados e nutridos, nos elevam a uma versão mais forte e saudável de nós mesmos.

A IMPORTÂNCIA DO DESCANSO E DA RECUPERAÇÃO.

Assim como o som precisa do silêncio para ser ouvido, nossos corpos precisam de repouso para crescer e se rejuvenescer.

Em um mundo que glorifica a produtividade constante e a "mentalidade da moagem", a ideia de fazer uma pausa, literalmente parar para descansar, pode parecer contraproducente. No entanto, ao olharmos para a perspectiva do bem-estar e do emagrecimento, o descanso e a recuperação são cruciais. Em nossa busca para emagrecer e tonificar nossos corpos, muitas vezes esquecemos que o verdadeiro crescimento e reparo ocorrem não durante o treino, mas durante os momentos de repouso.

Quando você se exercita, está na verdade submetendo seus músculos a microtraumas, uma parte essencial do processo de fortalecimento muscular. Esses pequenos danos não são prejudiciais; pelo contrário, são cruciais para a construção de músculos mais fortes e, muitas vezes, maiores. No entanto, é crucial entender que o verdadeiro trabalho de fortalecimento acontece não durante o exercício, mas durante os períodos de descanso que se seguem. Sem um descanso adequado, a recuperação muscular fica comprometida, o que pode levar a uma diminuição na resistência e no desempenho, além de aumentar significativamente o risco de lesões.

Além da recuperação física, o descanso é igualmente vital para a saúde mental. Permitir que a mente desacelere e verdadeiramente repouse não apenas reacende a motivação, como também reduz os níveis de estresse e cortisol, o hormônio do estresse. Esse relaxamento mental contribui para um foco aprimorado e uma maior clareza mental, essenciais para manter a disciplina e a eficácia em qualquer programa de treinamento físico.

O impacto do descanso adequado se estende também à perda de peso. É comum comparar o metabolismo a uma fogueira que necessita tanto de momentos de intensidade quanto de pausa. Sem esses períodos de descanso, o corpo pode entrar em um estado de excesso de treinamento, que pode resultar em insônia, um sistema imunológico enfraquecido e, o que é mais crítico, um platô na perda de peso. O repouso adequado auxilia na manutenção de um equilíbrio hormonal favorável, previne o catabolismo muscular e promove uma queima de gordura mais eficaz.

Portanto, uma estratégia de recuperação eficaz deve incluir mais do que simplesmente evitar o ginásio ou a área de treino. Ela deve abranger a obtenção de um sono de qualidade, manter uma hidratação adequada, e empregar técnicas de relaxamento, como meditação ou banhos mornos. Métodos como crioterapia, massagem e alongamento também são componentes valiosos de um regime de recuperação bem-arredondado.

Assim como um músico precisa do silêncio entre as notas para criar uma melodia, nosso corpo necessita de pausas e recuperação para alcançar seu potencial máximo. Em sua jornada para perder peso e melhorar a autoestima, é fundamental honrar e escutar seu corpo, concedendo-lhe os períodos de descanso que merece e necessita. O equilíbrio entre atividade e repouso é o que eventualmente leva a uma vida mais saudável e equilibrada.

O IMPACTO DOS TREINOS NA MENTE E NO BEM-ESTAR EMOCIONAL

Quando embarcamos em uma jornada de fitness, muitas vezes começamos com objetivos primariamente estéticos como perder peso, tonificar o corpo ou construir músculos. No entanto, conforme progredimos, rapidamente percebemos que os benefícios do exercício transcendem em muito essas metas superficiais, afetando profundamente nossa mente e bem-estar emocional.

A prática de exercícios físicos desencadeia uma verdadeira "química da felicidade" em nosso cérebro. Cada movimento, cada repetição, libera endorfinas, frequentemente chamadas de "hormônios da felicidade". Essas substâncias químicas não só aliviam a dor mas também induzem sentimentos de euforia. Além das endorfinas, o exercício aumenta os níveis de serotonina e dopamina, neurotransmissores que estão diretamente relacionados à sensação de felicidade e recompensa e que desempenham um papel crucial no combate à depressão e à ansiedade.

Além disso, o exercício pode servir como uma forma de meditação em movimento, promovendo o que muitos chamam de "mindfulness em movimento". Seja correndo, levantando pesos ou praticando yoga, o foco requerido durante essas atividades ajuda a silenciar a tagarelice mental incessante e aumenta a conexão mente-corpo. Esse aprimoramento da consciência corporal e a atenção plena no momento presente podem significativamente elevar a autoestima e a autopercepção.

A resiliência mental também é fortemente cultivada através dos desafios físicos encontrados durante os exercícios. Tais momentos não são apenas obstáculos a serem superados; eles são oportunidades para aprender persistência, determinação e disciplina. Essas habilidades mentais são fortalecidas a cada treino, capacitando-nos a enfrentar e superar adversidades na vida, transformando nossa autoimagem e cultivando uma profunda sensação de realização.

Ademais, o exercício é um poderoso redutor de estresse. Ele ajuda a diminuir os níveis de cortisol, o hormônio do estresse, e oferece uma saída positiva para frustrações e energias reprimidas. A atividade física regular também estimula a neurogênese, ou a produção de novas células cerebrais, combatendo os efeitos negativos do estresse crônico.

A história de Roberto, um profissional de 40 anos assoberbado por estresse e ansiedade, ilustra vividamente como os benefícios do exercício vão além do físico. Ao incorporar treinos diários em sua rotina, Roberto não só remodelou seu corpo, mas também sua mente. Ele encontrou paz nos treinos matinais e força nas sessões de musculação, evidenciando o impacto transformador do exercício tanto para a mente quanto para o corpo.

Portanto, ao perseguirmos um corpo mais saudável e tonificado, é essencial reconhecer e valorizar os benefícios imensuráveis que o exercício proporciona à nossa mente e ao nosso emocional. Em nossa jornada para emagrecer e melhorar a autoestima, cultivar uma mente forte e resiliente é tão vital quanto melhorar nossa condição física. A velha máxima "Mens sana in corpore sano" - uma mente sã em um corpo são - nunca foi tão relevante, servindo como um lembrete poderoso de que o exercício é uma ferramenta fundamental para alcançar uma vida plena e saudável.

O SONO NÃO DEVE SER VISTO APENAS COMO UM PERÍODO DE DESCANSO, MAS COMO UM REGULADOR ESSENCIAL DO APETITE E DAS ESCOLHAS ALIMENTARES.

CAPÍTULO 3

POR ONDE COMEÇAR OS TREINOS?

Um sonho sem um plano é apenas um desejo.

Se você deseja perder peso, eliminar aquela barriga incômoda ou simplesmente melhorar sua autoestima e saúde, planejar seus treinos é essencial. É a diferença entre vaguear desorientado e seguir com propósito e direção. Em nossa viagem de fitness, o mapa é tão vital quanto a motivação.

Antes de embarcar em qualquer jornada de fitness, é essencial começar com uma fase de autoavaliação profunda. Compreender sua situação atual é crucial para estabelecer metas realistas e alcançáveis. O processo inclui uma análise detalhada de quantos quilos você deseja perder, quais áreas do seu corpo mais lhe incomodam, e como você deseja que cada parte do seu corpo se desenvolva—seja o peitoral, as costas, a barriga, as pernas, o bumbum ou as panturrilhas. Além disso, é importante decidir que tipo de exercício você gostaria de praticar para alcançar esses objetivos. Essa fase de planejamento permite que você trace um caminho claro para seguir, ajustando suas ações de acordo com o que deseja alcançar. - Descreva tudo aqui abaixo:

Outro aspecto crucial é a importância de ter acompanhamento profissional. Seja através de um treinador presencial ou um guia online, o suporte de um especialista garante que os exercícios sejam realizados corretamente, evitando lesões. Além disso, um profissional oferece uma perspectiva externa valiosa que pode ajudar a fazer ajustes e melhorias no seu regime de treinamento. Esse acompanhamento também serve como uma forma de manter a responsabilidade, garantindo que você permaneça comprometido e motivado, o que é essencial para otimizar os resultados.

À medida que você avança em sua jornada de fitness, suas necessidades e capacidades inevitavelmente mudarão. É importante monitorar seu progresso regularmente através de avaliações que podem incluir medições corporais, o ajuste das suas roupas e a evolução do seu peso. Esse monitoramento contínuo permite ajustar seu plano de treinamento conforme necessário, considerando novos objetivos ou enfrentando desafios que surgem. Essa capacidade de adaptar e evoluir com o tempo é fundamental para manter sua jornada de fitness eficaz e motivadora.

O planejamento adequado, portanto, é o alicerce de qualquer jornada bem-sucedida de fitness. Ele não apenas fornece uma estrutura e direção, mas também infunde um sentido de propósito em sua busca por saúde e bem-estar. Quando a paixão é combinada com um plano bem elaborado, as possibilidades são infinitas. Na busca para emagrecer e fortalecer a autoestima, é essencial lembrar que cada passo e cada repetição começam com uma visão clara e um plano concreto. Assim, com a orientação correta e um compromisso firme com seus objetivos, você pode transformar suas intenções em realidade, promovendo não apenas uma melhoria física, mas também um bem-estar emocional e mental duradouros.

O planejamento é o alicerce de qualquer jornada bem-sucedida de fitness. Ele oferece uma estrutura, direção e, mais importante, um sentido de propósito. Quando combinamos paixão com um plano bem elaborado, as possibilidades são infinitas. Em nossa busca para emagrecer e reafirmar nossa autoestima, lembramos que cada passo, cada repetição começa com uma visão clara e um plano em mãos. Recomendo utilizar parte da seção ROTINA ORGANIZADA para aplicar aos seus treinos.

OS PRINCIPAIS TIPOS DE TREINO: CARDIO DE ALTA INTENSIDADE, TREINOS PARA GANHO DE MASSA MUSCULAR E AUMENTO DA DEFINIÇÃO MUSCULAR.

Embarcar na jornada para emagrecer e moldar o corpo exige não apenas compromisso, mas também um entendimento claro dos diferentes tipos de treinamento que podem nos ajudar a atingir nossos objetivos. Cada modalidade de exercício tem suas especificidades e a combinação adequada dessas práticas pode ser decisiva na conquista do físico desejado, além de contribuir significativamente para a melhoria da nossa saúde geral.

Um dos elementos chave nesse processo é o cardio de alta intensidade, que inclui programas como QUEIMA 360º e RITBOX. Esses treinos são extremamente eficazes para quem busca uma queima rápida de calorias. Através de atividades como sprints, saltos e burpees, realizados em alta intensidade com breves períodos de descanso, esses exercícios aceleram o metabolismo e aumentam significativamente a capacidade cardiovascular e a resistência. Os benefícios incluem não apenas uma rápida queima de calorias, mas também uma elevação do metabolismo pós-treino, o que promove a queima de gordura de forma contínua.

Além do cardio, os treinos focados no ganho de massa muscular são fundamentais para quem deseja um corpo mais robusto e tonificado. Esses treinos, baseados em exercícios de resistência, requerem um enfoque específico em grupos musculares. Podem ser realizados em casa, utilizando o peso do corpo, ou em uma academia com o auxílio de pesos livres e máquinas. Os principais benefícios desses treinamentos incluem o aumento da força e da resistência muscular, um metabolismo acelerado e uma maior definição corporal.

A definição muscular, por sua vez, é o que realmente ajuda a esculpir e destacar a musculatura desenvolvida. O objetivo é alcançado pela redução da camada de gordura que cobre os músculos e pelo foco em treinos que realçam a tonificação muscular. As atividades recomendadas para esse fim incluem exercícios com repetições mais altas usando pesos mais leves, circuitos de tonificação e rotinas de isolamento muscular, que ajudam a aprimorar a aparência dos músculos, melhorar a postura e destacar as linhas e contornos do corpo.

Portanto, a chave para esculpir o corpo desejado reside na combinação inteligente desses diferentes tipos de treino. Seja através da intensidade explosiva de programas como QUEIMA 360º, da força desenvolvida em treinos de musculação, ou da precisão nos exercícios de definição muscular, é possível moldar o corpo de maneira eficaz e sustentável. Com dedicação e a orientação correta, cada pessoa pode se tornar o escultor de sua própria obra-prima física, não apenas alcançando o corpo que deseja, mas também promovendo melhorias significativas em sua saúde e bem-estar geral. Assim, ao planejar sua rotina de exercícios, considere como essas diferentes modalidades podem trabalhar juntas para ajudá-lo a atingir seus objetivos de fitness e saúde de maneira equilibrada e integrada.

CRIANDO UM PLANO DE TREINO ADAPTADO ÀS SUAS NECESSIDADES.

Ao iniciar uma jornada de transformação corporal, seja para emagrecer, ganhar massa muscular ou aumentar a definição, é crucial adotar uma abordagem holística que envolve tanto ajustes na dieta quanto na rotina de exercícios. Essas mudanças devem ser pensadas de forma a promover não apenas a alteração estética desejada, mas também a saúde e o bem-estar geral.

PARA QUEM DESEJA EMAGRECER:

O primeiro passo é avaliar e ajustar sua alimentação. Embora a dieta seja frequentemente citada como responsável por uma grande parte do emagrecimento, seu verdadeiro papel é equilibrar o consumo calórico com as necessidades energéticas do corpo. Uma dieta equilibrada e saudável é fundamental, oferecendo os nutrientes necessários sem excessos que possam levar ao acúmulo de gordura. Além disso, incorporar exercícios aeróbicos como QUEIMA 360º e RITBOX pode acelerar significativamente a queima de gordura. Entretanto, é igualmente importante incorporar treinamentos de força para ganho de massa muscular, o que ajuda a aumentar o metabolismo basal e contribui para um emagrecimento sustentável. É essencial evitar dietas extremamente restritivas que possam levar ao efeito sanfona, além de garantir períodos adequados de descanso para otimizar a recuperação e a queima de gordura durante o repouso.

PARA QUEM DESEJA GANHAR MASSA MUSCULAR:

Aumentar a ingestão calórica de forma controlada é essencial para quem busca ganhar massa muscular. Consumir mais calorias do que se queima, priorizando fontes de alimentos saudáveis e ricos em nutrientes, é a base para o crescimento muscular. O foco deve estar em exercícios de resistência e levantamento de peso, aumentando progressivamente a carga para desafiar os músculos e promover seu crescimento. Proteínas de alta qualidade são fundamentais em todas as refeições, pois são essenciais para a recuperação e o desenvolvimento muscular. Além disso, um descanso adequado é crucial, pois os músculos crescem e se reparam durante os períodos de repouso, não enquanto se está treinando.

PARA QUEM DESEJA AUMENTAR A DEFINIÇÃO MUSCULAR:

Reduzir a porcentagem de gordura corporal é o primeiro passo para quem busca definição muscular. Isso envolve ajustar a dieta para reduzir calorias de forma inteligente, sem comprometer a nutrição e o volume muscular. Treinos de resistência são particularmente eficazes para esculpir e definir os músculos. Programas como QUEIMA 360º e RITBOX, que combinam alta intensidade com exercícios de resistência, podem ser extremamente úteis. Uma alimentação limpa, rica em alimentos integrais e pobre em processados, ajuda a reduzir a gordura corporal e a inflamação, promovendo uma definição muscular mais nítida. A hidratação também desempenha um papel importante, pois não só suporta a função muscular como pode melhorar a tonificação da pele, destacando a definição muscular.

Em suma, cada objetivo de fitness exige uma combinação específica de dieta, treinamento e descanso. Abordar esses elementos de maneira integrada e consciente pode maximizar os resultados, promovendo não apenas uma melhoria na aparência física, mas também na saúde e qualidade de vida. A chave é manter a consistência e adaptar continuamente os planos à medida que você avança em sua jornada, sempre honrando as necessidades e limites do seu corpo.

MAXIMIZANDO OS RESULTADOS

Alcançar metas de fitness e saúde é uma jornada complexa que vai além da simples seleção de exercícios ou de seguir um plano de dieta. Para realmente maximizar os resultados e melhorar o desempenho, é essencial adotar uma abordagem estratégica que abrange não apenas o que você faz, mas também como você faz. A introdução aos métodos e técnicas comprovados na otimização dos esforços de treinamento vai explorar como a organização sistemática de treinos, alinhamento nutricional, e a integração de descanso e recuperação ativa podem transformar os seus esforços no ginásio em resultados tangíveis e duradouros.

Vamos detalhar estratégias como a periodização do treino, técnicas de superconjunto, a importância do alinhamento da alimentação ao regime de treinos, o benefício do descanso ativo, o poder do treinamento mental, e a necessidade de monitoramento contínuo, proporcionando um panorama de como cada aspecto contribui para uma jornada de saúde e fitness bem-sucedida.

PERIODIZAÇÃO DO TREINO:

A periodização é uma forma sistemática de organizar o treinamento em ciclos específicos, permitindo treinos mais eficientes, prevenindo o excesso de treino e minimizando o risco de lesões. Essa técnica divide o programa de treinamento em microciclos (semanais), mesociclos (focados em objetivos específicos ao longo de várias semanas, como força, resistência ou potência) e macrociclos (planos anuais). Essa rotação foca em diferentes aspectos do condicionamento físico em momentos distintos, permitindo uma abordagem mais equilibrada e eficaz.

TÉCNICA DO SUPERCONJUNTO:

Superconjuntos são extremamente úteis para aumentar a intensidade do treino e economizar tempo. Essa técnica envolve realizar dois exercícios consecutivos sem pausa entre eles, como fazer uma série de flexões de bíceps seguida imediatamente por extensões de tríceps. Essa abordagem não só intensifica o treino mas também potencializa a queima de calorias e o desenvolvimento muscular em um período mais curto.

ALIMENTAÇÃO ALINHADA AO TREINO:

A sincronização da nutrição com o regime de treinos é crucial para maximizar o desempenho e a recuperação. Isso significa consumir alimentos que forneçam os nutrientes certos no momento certo. Antes do treino, é ideal consumir uma combinação de carboidratos e proteínas para garantir energia sustentada; após o treino, priorizar proteínas e carboidratos simples ajuda na recuperação muscular rápida e eficaz.

DESCANSO ATIVO:

Descanso ativo, ou incorporar atividades físicas de baixa intensidade nos dias de descanso, ajuda a manter o corpo em movimento sem estressá-lo excessivamente. Atividades leves, como caminhadas ou sessões curtas de treino como o programa "5 PRA SECAR", não apenas mantêm o metabolismo ativo mas também promovem a recuperação ao melhorar a circulação e reduzir a rigidez muscular.

TREINAMENTO MENTAL E VISUALIZAÇÃO:

O treinamento mental é tão crucial quanto o físico. Dedicar tempo para visualizar o sucesso pode significativamente elevar o desempenho atlético. Visualizar-se alcançando seus objetivos físicos e experimentando as emoções associadas a essas conquistas pode preparar mentalmente para o sucesso, tornando esses objetivos mais tangíveis e alcançáveis.

MONITORAMENTO E AJUSTE:

Por fim, monitorar regularmente o progresso é essencial para um treinamento eficaz. Isso não se resume apenas a pesar-se ou medir o perímetro muscular, mas também a avaliar a evolução do desempenho, resistência e força. Com base nessa avaliação contínua, ajustes podem ser feitos no plano de treinamento para superar platôs, enfrentar novos desafios ou redefinir metas.

Implementar essas técnicas não apenas otimiza cada sessão de treino e cada refeição, mas transforma a abordagem ao fitness e saúde numa jornada mais eficiente e gratificante. Com essas estratégias, você estará melhor equipado para alcançar e até superar suas metas de saúde e condicionamento físico, fazendo de cada esforço um passo efetivo em direção ao sucesso.

Ao incorporar essas técnicas e estratégias, você estará mais bem equipado para maximizar seus esforços, superar os platôs e alcançar seus objetivos de emagrecimento, saúde, ganho de massa e aumento da definição muscular. Lembre-se de que o progresso é uma jornada, e pequenas mudanças e ajustes ao longo do caminho podem resultar em grandes ganhos a longo prazo.

A IMPORTÂNCIA DA VARIAÇÃO NO TREINO.

No mundo do fitness e na busca pelo corpo ideal, os resultados não são alcançados apenas por meio da consistência, mas também da variação. É comum que muitos de nós caiam na rotina de repetir o mesmo treino todos os dias. No entanto, a variação é essencial para assegurar progressos contínuos, evitar platôs e manter a motivação e o interesse em alta. Vamos entender melhor por que a variação é tão crucial na jornada de treinamento.

Primeiramente, variar os treinos é fundamental para evitar a adaptação e o platô, que se refere a períodos em que não há progresso perceptível, seja na perda de peso, no ganho muscular ou na melhoria do desempenho. Nosso corpo é uma incrível máquina de adaptação. Quando submetido aos mesmos exercícios, com a mesma intensidade repetidamente, ele se acostuma e se torna mais eficiente. Embora essa eficiência seja boa em termos de economia de energia, ela também significa que você acaba queimando menos calorias durante o treino e vê menos progresso.

Além disso, a variação é importante para prevenir lesões por uso excessivo. Essas lesões ocorrem quando o mesmo conjunto de músculos é usado repetidamente sem tempo suficiente para recuperação. Ao diversificar seus exercícios e focar em diferentes grupos musculares, você minimiza o risco de sobrecarregar qualquer músculo específico, o que pode levar a lesões.

A manutenção da motivação e do interesse também é uma razão vital para variar seus treinos. Comprometer-se com uma rotina de treino é fundamental para obter resultados. No entanto, realizar os mesmos movimentos repetidamente pode se tornar monótono. Introduzir novos exercícios ou modalidades pode reacender seu interesse e paixão pelo treinamento. Isso não só mantém você engajado, mas também pode desafiar seu corpo de novas maneiras, promovendo melhorias contínuas.

A variação dos treinos também garante um desenvolvimento muscular equilibrado, que se refere à proporção e simetria entre diferentes grupos musculares. Se você sempre foca nos mesmos exercícios e músculos, pode acabar com desequilíbrios musculares, o que pode levar a uma postura inadequada e aumentar o risco de lesões. Variar os treinos assegura que todos os músculos recebam a atenção necessária para um crescimento harmonioso e funcional.

Por fim, a variação dos treinos aumenta a capacidade funcional do corpo, que é a habilidade de desempenhar tarefas do dia a dia com eficácia e sem dor. Ao expor seu corpo a uma variedade de movimentos e desafios, você estará melhor preparado para lidar com as diferentes demandas físicas da vida diária, seja carregando sacolas de compras, brincando com seus filhos ou subindo um lance de escadas.

Portanto, enquanto percorremos o caminho para alcançar um físico ideal e melhorar nossa saúde geral, é essencial abraçar a variação como uma estratégia chave. Ela não só previne a estagnação e potencializa nossos resultados, como também torna nossa jornada de fitness mais dinâmica, interessante e sustentável.

Foi exatamente por isso que desenvolvi uma MENTORIA A ROTA, essa mentoria é composta por um aplicativo com variedades de treinos, estímulos e periodizações, porque essa variação no treinamento não é apenas uma ferramenta para manter as coisas interessantes, mas uma estratégia essencial para maximizar os ganhos, prevenir lesões e garantir que você esteja progredindo em sua jornada de fitness. Ao compreender e aplicar os princípios da variação, você estará um passo à frente na obtenção de seus objetivos.

LIMITAR A EXPOSIÇÃO À LUZ AZUL ANTES DE DORMIR É OUTRA ESTRATÉGIA ÚTIL, VISTO QUE DISPOSITIVOS ELETRÔNICOS EMITEM UM TIPO DE LUZ QUE PODE INTERFERIR NA PRODUÇÃO DE MELATONINA, O HORMÔNIO DO SONO.

QUEIMA 360º E RITBOX

No mundo do fitness, algumas metodologias vem e vão mas o QUEIMA 360º e RITBOX não. Ganharam destaque devido à sua eficiência, versatilidade e capacidade de proporcionar resultados rápidos. Mas, o que exatamente é o QUEIMA 360º e o RITBOX e como você pode incorporá-lo à sua rotina de treinos?

O QUEIMA 360º é um método de treinamento que envolve períodos curtos e intensos de exercício aeróbico, seguidos por um breve período de descanso ou atividade de baixa intensidade. Essa alternância entre alta e baixa intensidade é repetida várias vezes durante uma sessão de treino. Isso acelera o metabolismo e faz com que voce elimine ate 10kg em 30 dias.

O RITBOX é um método de treinamento que envolve treino de alta intensidade e musica, deixando o processo de emagrecimento, ganho de massa muscular e definição muscular muito mais divertido e dinâmico, voce treina com suas músicas favoritas e alcança resultado de forma acelerada eliminado ate 10kg em 30 dias. As evidencias comprovam que a musica no treino destrói a dor, distrai sentimentos tristes, alivia a dor do treino e melhorar as emoções.

Ao buscar métodos eficazes para emagrecimento e melhoria da condição física, muitos se voltam para programas de treino intensivo como o QUEIMA 360º e o RITBOX. Esses programas são projetados para quem deseja resultados rápidos e significativos, utilizando estratégias que maximizam a queima calórica e a perda de gordura em sessões de treino compactas e dinâmicas.

Os benefícios do QUEIMA 360º e do RITBOX são extensos e impactantes. Primeiramente, ambos os programas são extremamente eficientes na queima de calorias, permitindo que os praticantes queimem um grande número de calorias em um curto período de tempo.

Isso é ideal para quem tem uma agenda cheia e precisa encaixar atividades físicas eficazes e rápidas em sua rotina diária.

Além disso, esses treinos oferecem o benefício do efeito afterburn, ou consumo excessivo de oxigênio pós-exercício (EPOC), que significa que seu corpo continua a queimar calorias em um ritmo acelerado mesmo após o término da atividade física. Esse fenômeno aumenta significativamente a eficácia do treino em termos de gasto energético total.

A eficiência do QUEIMA 360º e do RITBOX na redução de gordura corporal é notável, especialmente no que tange à gordura abdominal, notoriamente difícil de eliminar. Esses programas também contribuem grandemente para a melhoria da capacidade cardiovascular, reforçando a saúde do coração e aumentando a resistência geral do corpo.

Um dos maiores atrativos desses treinos é a flexibilidade. Eles não requerem equipamentos especiais e podem ser realizados em praticamente qualquer lugar. Com apenas 20 minutos do seu dia, é possível executar uma sessão completa que promove não apenas perda de peso, mas também um aprimoramento significativo na saúde física e bem-estar geral.

Para implementar o QUEIMA 360º e o RITBOX de forma eficaz, é recomendável começar pelo básico, especialmente se você for novo nesse tipo de treinamento. Iniciar com períodos curtos de alta intensidade, alternando com períodos de descanso, permite que o corpo se adapte progressivamente ao esforço exigido. Por exemplo, você pode começar com 20 segundos de esforço máximo seguidos por 40 segundos de descanso, ajustando esses intervalos à medida que sua resistência aumenta.

Uma sessão típica pode incluir exercícios como corridas estacionadas, burpees, saltos no lugar e agachamentos com salto, repetindo a sequência várias vezes para maximizar a eficácia do treino. A consistência é chave; recomenda-se que esses treinos sejam realizados diariamente, mantendo a atividade física regular mesmo nos fins de semana para evitar a perda de momentum.

Além disso, é crucial começar cada sessão com um bom aquecimento e terminar com um desaquecimento, incluindo alongamentos suaves para prevenir lesões. Esses cuidados são essenciais para garantir a segurança durante os treinos intensos e para promover uma recuperação eficaz.

Por fim, é importante sempre ouvir seu corpo. O QUEIMA 360º e o RITBOX são intensos, e embora seja essencial desafiar-se para ver resultados rápidos, também é crucial respeitar os limites do seu corpo para evitar exaustão ou danos. Monitorar sua resposta aos treinos e ajustar a intensidade conforme necessário pode ajudar a manter uma prática segura e efetiva.

Em resumo, o QUEIMA 360º e o RITBOX são mais do que apenas programas de treino; eles são uma estratégia abrangente para melhorar a saúde física, emagrecer e aumentar a qualidade de vida de maneira geral. Com dedicação e cuidado, esses programas podem ajudar a transformar não apenas seu corpo, mas também sua mente e seu bem-estar geral.

TRANSFORMAÇÃO COM O QUEIMA 360º

Ana Beatriz, uma aluna da minha mentoria on-line, sempre quis perder aqueles quilos extras que pareciam se agarrar à sua cintura. Depois de tentar várias programas de treino, academia e até personal trainner, ela encontrou o QUEIMA 360º. Inicialmente, os treinos pareciam esmagadores, mas em poucas semanas, ela começou a ver mudanças. A gordura da barriga começou a diminuir, e sua resistência melhorou drasticamente. O que a surpreendeu foi a rapidez com que começou a ver esses resultados - tudo graças à potência do QUEIMA 360º.

O QUEIMA 360º é uma ferramenta poderosa para quem busca eficiência nos treinos e resultados rápidos. Ao combinar períodos de intensidade máxima com descanso, ele desafia o corpo de maneiras que outros métodos de treino não conseguem, tornando-se uma escolha ideal para muitos em sua jornada de fitness.

A TÉCNICA DE "SOBRECARGA PROGRESSIVA" PARA CONSTANTE EVOLUÇÃO.

A jornada de transformação corporal, seja para perder peso, ganhar massa muscular ou definir o corpo, é cheia de altos e baixos. Não é incomum enfrentarmos platôs onde, apesar de todos os esforços, os resultados parecem estagnar. É nesse contexto que a técnica da sobrecarga progressiva se torna um método valioso, ajudando a garantir evolução constante e resultados sustentáveis.

A sobrecarga progressiva é um princípio fundamental no treinamento de resistência, que envolve aumentar gradualmente a carga ou resistência sobre o corpo. Isso significa que, para continuar a desafiar o corpo e estimular o crescimento e a melhoria muscular, é necessário incrementar regularmente o peso levantado ou a intensidade do exercício. Essa técnica é crucial porque nossos músculos se adaptam aos estímulos que recebem. Sem um aumento progressivo desses estímulos, eles simplesmente param de crescer ou melhorar, o que pode resultar em um platô frustrante.

A importância da sobrecarga progressiva se manifesta em várias áreas: ela não apenas previne o estancamento do progresso, mas também é essencial para a melhoria contínua da força e da resistência. Esses benefícios são fundamentais não apenas para a estética, mas para a funcionalidade geral do corpo.

Implementar a sobrecarga progressiva pode ser feito de várias maneiras. Uma das mais diretas é aumentar o peso que você levanta. Por exemplo, se você se acostuma a levantar um determinado peso e esse exercício começa a parecer menos desafiador, é um sinal de que está na hora de adicionar mais carga. Outra opção é aumentar o número de repetições de um exercício específico, ou a duração dos períodos de atividade intensa em treinos aeróbicos.

Variar os exercícios também é uma forma eficaz de aplicar a sobrecarga progressiva. Ao modificar os exercícios que compõem sua rotina, você pode atingir os músculos de maneiras diferentes e mais desafiadoras, o que ajuda a manter o corpo em constante adaptação e melhoria. Além disso, é crucial monitorar e registrar cada treino. Manter um diário de treino detalhado permite que você acompanhe seu progresso e planeje cuidadosamente os próximos passos em sua jornada de treinamento.

Contudo, com o aumento da demanda imposta ao orpo, a recuperação adequada torna-se ainda mais importante. É fundamental dar ao corpo o tempo e os recursos necessários para se recuperar. Isso inclui uma boa noite de sono, uma nutrição adequada e práticas de recuperação como alongamentos e massagens. Além disso, é vital ouvir o seu corpo. Aumentar demasiadamente a intensidade sem a devida preparação pode levar a lesões, portanto, é essencial proceder com cautela e respeitar os limites do seu corpo.

Por fim, a história de Ana exemplifica bem os benefícios da sobrecarga progressiva. Ao começar seu programa de emagrecimento com o QUEIMA 360º, Ana viu uma melhora inicial significativa. No entanto, com o tempo, seu progresso desacelerou. Foi a introdução da sobrecarga progressiva que permitiu que ela superasse esse platô. Aumentando gradativamente a intensidade de seus treinos e diversificando seus exercícios, Ana foi capaz de continuar sua transformação de forma impressionante.

Portanto, a sobrecarga progressiva não é apenas uma técnica de treinamento; é uma estratégia essencial para quem busca resultados duradouros e significativos no fitness. Com a aplicação cuidadosa dessa técnica, é possível evitar a estagnação e alcançar novos patamares de saúde física e bem-estar.

A HISTÓRIA DE FERNANDA E O RITBOX

Uma pulsação. Um batimento. Uma nota. E tudo começou a mudar para Fernanda.

Fernanda sempre amou música. Desde os primeiros acordes que escutou na infância, até as batidas que faziam seu coração acelerar na adolescência. No entanto, como muitos de nós, a vida adulta trouxe responsabilidades, e a música acabou ficando de lado. Ela sentia falta daquela conexão com as canções, mas seu ritmo de vida não lhe permitia muitos momentos de lazer.

Ela estava frustrada, presa em uma rotina monótona, sentindo-se cada vez mais desvinculada de si mesma e de suas paixões. Seu corpo e mente clamavam por mudanças. Ela ganhou peso, sentia-se sempre cansada e sua autoestima estava em baixa.

Um dia, enquanto olhava as redes sociais, seus olhos se fixaram em um vídeo vibrante do RITBOX. A dinâmica, a musica, os movimentos, e principalmente, a promessa de unir música e treino chamaram sua atenção. Seria aquilo mesmo possível?

Fernanda decidiu dar uma chance. No primeiro dia, ela sentiu o impacto imediato da combinação de ritmos acelerados e movimentos sincronizados. A música alimentava sua alma, enquanto o treino desafiava seu corpo. Era como se cada célula de seu ser estivesse vibrando em sintonia com as batidas.

A paixão foi instantânea. Os dias de treino com RITBOX tornaram-se seus momentos de fuga, sua válvula de escape. Ela não estava apenas queimando calorias; estava se reconectando com uma parte perdida de si mesma.

Em 30 dias, os resultados foram notáveis. Fernanda eliminou 8 kg, mas mais do que isso, redescobriu a alegria e a paixão pela vida. A música, combinada com a eficácia do treino, transformou não apenas seu corpo, mas sua mente e espírito.

O RITBOX não foi apenas um programa de treinamento para Fernanda, foi uma redescoberta. Ela tornou-se uma das maiores embaixadoras do método, inspirando outras pessoas em sua comunidade a experimentar a magia do RITBOX.

A história de Fernanda é uma prova viva de que, quando unimos paixão e propósito, os resultados vão muito além do esperado. Ela não apenas emagreceu, mas também encontrou um novo ritmo para sua vida, graças ao RITBOX. E essa batida, essa pulsação, essa conexão emocional, foi o que a manteve avançando e alcançando seus objetivos, dia após dia.

COMO O TREINO DIVERTIDO (RITBOX) TRANSFORMOU NÃO APENAS SEU CORPO, MAS SUA MENTE E ESPÍRITO.

Muitos começam uma jornada de emagrecimento em busca de um corpo esculpido, uma barriga lisa, ou talvez para caber naquela calça jeans esquecida no fundo do armário. Mas, ao longo do caminho, muitos descobrem que os benefícios transcendem a aparência física. Esse foi exatamente o caso de Camila, uma jovem de 28 anos de Fortaleza, que se viu perdida em meio a dietas falhas e aulas de ginástica monótonas.

Camila se sentia presa em uma rotina de exercícios tediosa. Os treinos na academia eram, em sua maioria, monótonos e não traziam a motivação que ela ansiava. Cada visita ao ginásio se tornou uma tarefa, mais um item em sua lista interminável de afazeres diários.

Então, certo dia, através de uma amiga, ela ouviu falar do RITBOX. As descrições eram de algo revigorante, repleto de energia, um exercício que não se parecia em nada com um "exercício". Intrigada, Camila decidiu experimentar.

Desde o primeiro treino, Camila foi transportada para um mundo onde a música ditava o ritmo e cada movimento era como uma dança. Ela não estava apenas fazendo exercícios; estava se expressando, liberando tensões e, acima de tudo, divertindo-se.

Em poucas semanas, os resultados começaram a aparecer. Mas não eram apenas físicos. Claro, os quilos começaram a diminuir e os músculos a se definir, mas a verdadeira transformação estava acontecendo por dentro.

O IMPACTO MENTAL E ESPIRITUAL

Com o RITBOX, Camila começou a perceber que a conexão entre corpo e mente se fortalecia. A música, juntamente com os movimentos vigorosos, tinha um efeito terapêutico. Ela começou a experimentar níveis mais altos de endorfina, a sensação de euforia após cada sessão. Suas noites de sono melhoraram, a ansiedade diminuiu e uma nova confiança começou a emergir.

E mais, o aspecto comunitário do RITBOX trouxe novas amizades e um sentimento de pertencimento. Ela não estava apenas participando de uma aula de fitness, mas de um movimento, uma comunidade onde todos compartilhavam um objetivo comum.

Hoje, Camila é uma das maiores defensoras do RITBOX. Não apenas porque ajudou a moldar seu corpo, mas porque transformou sua percepção de si mesma e de sua capacidade de superar obstáculos. Para ela, o RITBOX não é apenas um método de treino, é uma filosofia de vida. E como ela gosta de dizer: "Quando você alia paixão à determinação, o impossível se torna apenas mais um desafio a ser superado".

OS BENEFÍCIOS TERAPÊUTICOS DO TREINO DIVERTIDO (RITBOX).

Na sociedade moderna, enfrentamos uma gama complexa de desafios diários. As rotinas aceleradas levam muitos a um ciclo constante de estresse, ansiedade e exaustão mental. Tradicionalmente, a busca por soluções frequentemente se voltou para a farmacologia, mas há um crescente reconhecimento da importância de abordagens holísticas no cuidado com a mente e o corpo. Nesse contexto, o RITBOX surge não só como um método eficaz de emagrecimento, mas também como uma poderosa ferramenta terapêutica, oferecendo uma série de benefícios que transcendem o físico.

O RITBOX combina movimentos intensos com o poder motivacional da música, facilitando a liberação de endorfinas, os chamados "hormônios da felicidade". Esses neurotransmissores atuam como analgésicos naturais, reduzindo a percepção da dor e elevando a sensação de bem-estar e euforia. Esse efeito é intensificado pela natureza energética dos treinos, que promovem uma melhoria significativa no humor dos praticantes.

Além de seus efeitos bioquímicos, o RITBOX tem um forte impacto na redução da ansiedade e do estresse. A música, por si só, já é uma poderosa ferramenta contra a ansiedade, e quando combinada com exercícios físicos vigorosos, permite que os indivíduos canalizem e liberem as tensões acumuladas. Essa prática se torna uma forma de meditação em movimento, onde a mente pode se desconectar das preocupações diárias e focar apenas no momento presente, em um estado quase meditativo.

O programa também é eficaz em melhorar a autoestima. Os praticantes, ao observarem melhorias físicas como perda de peso e tonificação muscular, sentem um impulso na autoimagem. Mas o RITBOX vai além, proporcionando um ambiente acolhedor onde todos são incentivados e celebrados, o que reforça a autoaceitação e o respeito mútuo, distanciando-se dos padrões estéticos convencionais e muitas vezes restritivos.

O aspecto comunitário do RITBOX também estimula a socialização. Esse ambiente coletivo onde as pessoas compartilham desafios e sucessos promove conexões significativas, ajudando a aliviar sentimentos de solidão e isolamento que são comuns em muitas áreas da vida moderna.

Adicionalmente, a prática do RITBOX ajuda os participantes a desenvolver uma conexão profunda entre corpo e mente. Aprender a ouvir a música e sincronizar cada movimento ensina os praticantes a serem mais conscientes de suas capacidades e limitações físicas, promovendo uma compreensão mais profunda de seus corpos e de como eles reagem sob diferentes estímulos.

Por fim, a disciplina e a resiliência são qualidades que o RITBOX busca instilar em seus adeptos. O comprometimento com o programa, especialmente nos dias em que a motivação é baixa, ensina lições valiosas sobre persistência e superação de adversidades, reforçando a ideia de que desafios são parte integral do crescimento e desenvolvimento pessoal.

Assim, o RITBOX transcende a definição tradicional de um programa de fitness. É uma experiência holística que proporciona não apenas melhorias físicas, mas também benefícios emocionais e mentais profundos, tornando-se uma prática transformadora para todos os que se envolvem. É uma jornada de redescoberta pessoal e de celebração da capacidade do corpo humano, não apenas de se adaptar e transformar, mas também de encontrar alegria e satisfação no processo.

SE VOCÊ ESTÁ BUSCANDO EMAGRECIMENTO COM UM FOCO ESPECIAL NA TONIFICAÇÃO E FORTALECIMENTO MUSCULAR, NÃO NEGLIGENCIE O PAPEL DO SONO.

INTEGRANDO O TREINO NA ROTINA DIÁRIA

A integração de exercícios na rotina diária é uma luta comum para muitos, dadas as numerosas demandas da vida moderna, incluindo compromissos com trabalho, família e amigos. No entanto, para alcançar resultados tangíveis, como emagrecimento, ganho de massa muscular ou melhor definição, é essencial incorporar o treinamento físico no dia a dia. Isso não só contribui para a saúde física mas também melhora o bem-estar mental e emocional.

A chave para integrar com sucesso o treinamento em sua vida é adotar uma mentalidade de priorização. É vital reconhecer o exercício não como uma tarefa adicional, mas como um investimento essencial na sua saúde e bem-estar. Estabelecer metas claras, possivelmente utilizando a metodologia SMART (Específica, Mensurável, Atingível, Relevante, Temporal), oferece direção e um sentido de propósito, facilitando a incorporação do treino na rotina diária.

Algumas estratégias práticas podem ajudar significativamente nesse processo. Por exemplo, iniciar o dia com atividade física, como um treino de 20 minutos pelo método QUEIMA 360º, pode assegurar que outros compromissos não interfiram na sua rotina de exercícios. Além disso, utilizar a tecnologia, como lembretes e aplicativos de agendamento, pode ajudar a manter o compromisso com o treinamento. Playlists motivacionais, como as do RITBOX, também podem tornar o treino mais atraente e agradável.

Outro aspecto crucial é encontrar seu 'porquê'. Lembrar-se dos motivos que o levaram a iniciar o treino, seja por saúde, estética ou simplesmente pelo prazer que o exercício proporciona, pode ser um impulso vital nos dias em que a motivação está baixa.

A integração de exercícios em atividades cotidianas também é uma forma eficaz de manter-se ativo. Optar por escadas ao invés de elevador, por exemplo, é uma maneira simples de aumentar a atividade física diária. Além disso, aproveitar pequenos intervalos durante o dia para realizar movimentos rápidos e eficazes, como proposto pelo QUEIMA 360º, pode ser uma forma prática de manter a constância.

Construir uma comunidade de apoio também desempenha um papel fundamental. Ter um parceiro de treino ou participar de grupos, como os do RITBOX, onde todos compartilham objetivos similares, oferece suporte adicional e motivação. Essa interação com outros entusiastas do exercício pode ser extremamente motivadora, incentivando a consistência e o comprometimento com o treinamento.

Ao final, integrar exercícios na rotina diária exige mais do que apenas vontade; requer uma abordagem estruturada e suporte adequado. Com as estratégias certas e um compromisso firme, é possível não apenas ajustar o exercício ao seu estilo de vida, mas também desfrutar dos inúmeros benefícios que ele traz para a saúde e qualidade de vida.

DICAS PRÁTICAS PARA INCORPORAR O EXERCÍCIO NO DIA A DIA.

Incorporar uma rotina de exercícios no cotidiano, mesmo com muita vontade, pode parecer uma tarefa desafiadora. No entanto, com estratégias eficazes e práticas, esse desafio pode se tornar completamente viável e até mesmo prazeroso. A chave está em adaptar o processo à sua vida de forma que não só se encaixe, mas que também traga alegria e satisfação. Vamos explorar algumas dicas que utilizam métodos como o QUEIMA 360º e o ritmo contagiante do RITBOX para facilitar esse processo.

Começar por estabelecer mini-metas é uma forma eficiente de construir um hábito de exercícios sem se sentir sobrecarregado. Ao invés de se comprometer imediatamente com longas sessões de treino, iniciar com intervalos de 20 minutos, como sugerido pelo método QUEIMA 360º, pode tornar a tarefa mais administrável. Esses curtos períodos são mais fáceis de incorporar em uma agenda lotada e cada pequeno sucesso, como completar uma semana de treinos, deve ser celebrado para reforçar o comportamento positivo.

A tecnologia e a música também são grandes aliadas nesta jornada. Definir alarmes e lembretes pode ajudar a lembrar de se exercitar regularmente, mesmo que seja apenas para uma rápida sessão de alongamento. Aplicativos de rastreamento e wearables podem monitorar o progresso, adicionando um elemento de gamificação que pode ser muito motivador. Além disso, incorporar música, como faz o RITBOX, pode transformar uma sessão de treino em uma experiência divertida e envolvente, ajudando a manter a rotina longe da monotonia.

Integrar movimento em atividades rotineiras é outra estratégia eficaz. Optar pelas escadas em vez do elevador, ou incorporar pequenos exercícios durante as pausas no trabalho, são maneiras simples de adicionar mais atividade física ao seu dia sem requerer tempo extra. Essas pequenas ações contribuem para aumentar o nível de atividade física diária de maneira significativa.

Tornar o exercício uma atividade social pode também ser um grande impulso para a consistência. Exercitar-se com um amigo, colega ou familiar não apenas torna a experiência mais agradável, mas também cria um compromisso mútuo que pode servir como uma motivação adicional. Além disso, participar de grupos ou comunidades, seja presencialmente ou online, como os oferecidos pelo RITBOX, pode oferecer suporte adicional e dicas valiosas.

Por fim, planejar com antecedência é crucial. Preparar o equipamento de treino na noite anterior ou planejar sua agenda para incluir o exercício pode remover barreiras à prática. Encarar o exercício como o 'Plano A', e não permitir que o cansaço ou outras desculpas transformem isso em um 'Plano B', ajuda a garantir que o compromisso com a atividade física seja mantido.

Com um pouco de criatividade, compromisso e uso de recursos disponíveis, incorporar exercícios na rotina diária pode se transformar de uma obrigação penosa em uma parte valiosa e gratificante do seu dia. Com o tempo, essa prática pode se tornar um hábito sólido, proporcionando benefícios duradouros para sua saúde e bem-estar geral.

A IMPORTÂNCIA DO AMBIENTE: EM CASA, NA ACADEMIA OU AO AR LIVRE.

O ambiente escolhido para se exercitar pode ter um impacto significativo não apenas na motivação, mas também na eficácia do treino. Cada local — seja a sala de estar de casa, uma academia bem equipada ou um parque ensolarado — oferece vantagens únicas e apresenta desafios particulares. Vamos explorar como esses diferentes ambientes se adaptam a variadas personalidades, objetivos e até fases da vida, considerando também as estratégias do QUEIMA 360º e a magia do RITBOX.

EM CASA: A CONVENIÊNCIA DO AMBIENTE DOMÉSTICO

Treinar em casa é uma opção extremamente conveniente que permite flexibilidade de horários, oferecendo a possibilidade de se exercitar a qualquer momento, o que é ideal para quem tem uma agenda cheia. Além disso, proporciona privacidade para aqueles que estão começando e podem se sentir inseguros em ambientes mais públicos. É também uma opção custo-efetiva, eliminando despesas com mensalidades de academia e transporte. No entanto, treinar em casa exige disciplina para superar as distrações como a televisão, tarefas domésticas ou interrupções familiares. O QUEIMA 360º é perfeitamente adaptável a esse ambiente, pois com apenas 20 minutos de dedicação, é possível realizar uma sessão intensa e eficaz.

NA ACADEMIA:
EQUIPAMENTOS, PROFISSIONAIS E SOCIALIZAÇÃO

A academia é o ambiente clássico de treinamento e vem com o benefício de acesso a uma ampla variedade de equipamentos e a presença de profissionais qualificados para orientação. É também um espaço de socialização, onde se pode encontrar e interagir com pessoas que compartilham objetivos semelhantes. Os desafios incluem o custo das mensalidades, o tempo gasto com o deslocamento e, para alguns, a sensação de intimidação ou comparação com outros frequentadores. Integrar programas como o RITBOX pode transformar o treino na academia em uma experiência mais dinâmica e envolvente, especialmente em grupos.

AO AR LIVRE: A NATUREZA COMO COMPANHEIRA

Exercitar-se ao ar livre oferece o benefício de renovar tanto o corpo quanto a mente, com o bônus adicional do contato direto com a natureza. É o ambiente ideal para aqueles que preferem uma sensação de liberdade e espaço aberto. No entanto, está sujeito às condições climáticas, que podem ser um impedimento, e às vezes a questões de segurança, dependendo do local e do horário. Utilizar aplicativos e equipamentos portáteis para seguir programas como o QUEIMA 360º permite a realização dos treinos em qualquer local. Organizar ou participar de sessões do RITBOX ao ar livre pode também criar uma atmosfera vibrante e comunitária.

A escolha do ambiente de treinamento deve ser uma decisão consciente que leve em conta as necessidades pessoais, objetivos e estilo de vida de cada indivíduo. Independente do local escolhido, o mais importante é a consistência no exercício. Adaptar-se e explorar novas formas de manter-se ativo e motivado, seja através do dinamismo do QUEIMA 360º, da energia do RITBOX ou das opções que uma academia pode oferecer, é essencial. O melhor local para se exercitar é, sem dúvida, aquele que inspira retorno regular e contribui positivamente para o bem-estar geral.

A TÉCNICA POMODORO APLICADA AO TREINO: PERÍODOS FOCADOS DE EXERCÍCIO.

Originalmente concebida para melhorar a produtividade no trabalho e nos estudos, a técnica Pomodoro encontrou seu lugar também no mundo dos treinos físicos. Esse método, que se baseia na execução de tarefas em períodos concentrados de atividade seguidos por pausas breves, se alinha perfeitamente com práticas modernas de treinamento, como o treino intervalado de alta intensidade (HIIT) e os populares programas RITBOX e QUEIMA 360º.

A técnica Pomodoro e o treino físico compartilham uma conexão natural. Da mesma forma que um período típico de Pomodoro dura 25 minutos, treinos curtos e intensos podem maximizar a eficiência do exercício. No QUEIMA 360º, por exemplo, essa abordagem permite realizar sessões altamente eficazes em pouco tempo. Além disso, as pausas estratégicas previstas pela técnica Pomodoro refletem os intervalos de recuperação essenciais em treinos intervalados, facilitando a recuperação do corpo e preparando-o para o próximo surto de atividade.

Para implementar a técnica Pomodoro no seu treinamento, considere dividir sua rotina de exercícios em segmentos de foco intenso.

Por exemplo, você pode planejar 20 minutos de atividade intensa no RITBOX, seguidos por cinco minutos de alongamento ou descanso. Utilizar um temporizador pode ser extremamente útil, especialmente para quem treina em casa e pode ser sujeito a distrações. Isso ajuda a manter a disciplina e a focar na atividade em questão. Além disso, a variabilidade dos exercícios dentro dos blocos de Pomodoro pode ajudar a manter o treino dinâmico e abrangente, alternando entre cardio, força e outros tipos de exercício.

Os benefícios de usar a técnica Pomodoro no treinamento são consideráveis. Primeiro, a concentração dedicada a segmentos de treino ajuda a minimizar distrações, melhorando a qualidade do exercício. Treinos mais curtos e focados se alinham perfeitamente com a técnica, permitindo que você alcance excelentes resultados em menos tempo. Além disso, ao evitar longos períodos de atividade sem descanso, a técnica ajuda a prevenir a fadiga física, equilibrando adequadamente esforço e recuperação.

Ao adaptar a técnica Pomodoro para o treinamento físico, demonstramos como métodos inicialmente projetados para aumentar a produtividade podem ser flexíveis e úteis em diversas áreas da vida. Combinar essa técnica com a diversão e eficiência do RITBOX e a rapidez do QUEIMA 360º fornece aos praticantes uma poderosa ferramenta para alcançar seus objetivos fitness de maneira estratégica e dinâmica. Assim, a técnica Pomodoro no contexto do treinamento físico não é apenas sobre fazer exercício; é sobre fazê-lo de maneira inteligente e sustentável.

CELEBRANDO PEQUENAS VITÓRIAS

A cada suor derramado, um passo a mais na jornada do emagrecimento.

Na jornada de transformação pessoal e busca por saúde física e mental, é comum nos concentrarmos apenas nas grandes conquistas, acreditando que apenas elas merecem celebração. No entanto, cada passo, por menor que seja, desempenha um papel crucial no caminho em direção aos nossos objetivos maiores. Semelhante a uma única nota em uma melodia ou um movimento específico em uma rotina do RITBOX, cada pequena vitória possui seu próprio valor significativo.

A jornada rumo ao sucesso é composta de diversas etapas. Os objetivos macro, como perder 10kg ou dominar uma sequência complexa no RITBOX, fornecem a direção necessária para nossos esforços. Contudo, são os micro objetivos, aqueles pequenos passos diários, que nos mantêm motivados e engajados no processo. Valorizar essas pequenas vitórias é essencial porque cada escolha consciente, cada dia que optamos por treinar, cada preferência por uma alimentação saudável, e cada momento que superamos a vontade de desistir, são conquistas que contribuem significativamente para nossos objetivos finais.

Do ponto de vista psicológico, celebrar cada pequeno progresso funciona como um reforço positivo. Isso não só recompensa nosso comportamento, incentivando-nos a continuar, mas também ajuda a estabelecer hábitos saudáveis ao associar esforço a uma sensação de realização e satisfação. Essa prática de reconhecimento e valorização das pequenas vitórias constrói uma autoestima mais forte e uma confiança inabalável em nossa capacidade de alcançar objetivos maiores.

Além disso, uma pequena vitória pode ter um efeito dominó, catalisando resultados positivos em outras áreas da vida. Por exemplo, um desafio superado no QUEIMA 360º pode empoderar alguém a enfrentar um desafio profissional ou pessoal com maior confiança e determinação.

Para efetivamente celebrar essas vitórias, é benéfico manter um registro do progresso. Um diário de treino ou uma planilha que documente os avanços serve como uma poderosa fonte de motivação. Compartilhar essas conquistas com amigos, familiares ou nas redes sociais não só multiplica a alegria de cada sucesso, mas também pode inspirar outros a iniciar suas próprias jornadas.

Recompensar-se por cada sucesso alcançado, seja com um descanso merecido, um mimo ou de qualquer outra forma que faça sentido pessoalmente, é uma prática importante para reconhecer o esforço e a dedicação dispensados. A jornada de emagrecimento e melhoria da forma física é construída não apenas por marcos significativos, mas por inúmeros momentos menores que refletem nossa dedicação, esforço e paixão. Ao celebrar cada uma dessas pequenas vitórias, reforçamos nosso compromisso conosco mesmos e, dia após dia, nos aproximamos dos nossos sonhos e objetivos. É na celebração desses momentos que realmente compreendemos a essência da transformação.

CONTINUE SUA PRÓPRIA JORNADA.

A jornada para o emagrecimento, saúde e transformação pessoal é profundamente individual e distinta para cada pessoa. Apesar dessa individualidade, um elemento comum e essencial é a necessidade de encorajamento e inspiração ao longo do caminho. Similar à energia contagiante de uma música do RITBOX ou à satisfação de completar um treino do QUEIMA 360º, o incentivo serve como uma força vital que nos impulsiona para frente, especialmente durante os períodos mais desafiadores.

Cada um de nós é o autor de sua própria história de transformação. Cada decisão que tomamos, cada esforço que fazemos, cada obstáculo que superamos escreve uma página em nosso livro da vida. À medida que avançamos, nossa narrativa pessoal não apenas molda nossa existência, mas também pode inspirar e motivar aqueles ao nosso redor. A transformação pessoal de um indivíduo pode servir como um catalisador para a mudança na vida de outra pessoa.

Encontrar uma motivação interna profunda é crucial. É importante revisitar regularmente o "porquê" por trás da decisão de iniciar esta jornada. Esse motivo pode ser uma busca por melhor saúde, maior autoestima, a preparação para um evento específico, ou simplesmente o prazer de se mover ao ritmo de uma música animada. Esse "porquê" atua como o coração pulsante de nossa motivação. Além disso, visualizar o futuro desejado e manter essa imagem viva em nossa mente pode nos ajudar a persistir nos momentos de dúvida.

O poder da comunidade também desempenha um papel fundamental nesta jornada. Compartilhar experiências, desafios, sucessos e aprendizados com amigos, familiares ou em comunidades online pode tornar o caminho menos árduo. Histórias de sucesso de outras pessoas, como as experiências de quem se beneficiou do QUEIMA 360º, fornecem provas vivas do que é possível atingir e servem como uma fonte de inspiração contínua.

A adaptação e a flexibilidade são igualmente importantes. É essencial celebrar a imperfeição e reconhecer que nem todos os dias serão perfeitos. O que realmente importa é a capacidade de se levantar após um revés e continuar tentando, aprendendo e ajustando conforme necessário. Assim como o RITBOX oferece variedade por meio de sua música e movimento, devemos estar abertos a ajustar nossas rotinas e metas para melhor se adequarem à nossa evolução e necessidades individuais.

A jornada de transformação é uma maratona, não um sprint. Ela é marcada por altos e baixos, desafios e triunfos. Contudo, com paixão, determinação e o encorajamento adequado, não apenas alcançaremos nossos objetivos, como também inspiraremos outros a embarcarem em suas próprias jornadas. Cada passo, por menor que seja, é uma comprovação de nossa força e resiliência. Lembre-se, assim como a música no RITBOX nunca realmente termina, sua jornada de crescimento e transformação também é contínua, oferecendo novas oportunidades para crescer e se transformar a cada novo dia.

CADA VEZ QUE VOCÊ SE COMPROMETE COM SUA ROTINA DE EXERCÍCIOS, ESTÁ CONDUZINDO UMA ORQUESTRA EM QUE CADA MÚSCULO, CADA GOTA DE SUOR, É UMA NOTA MUSICAL.

PARTE 5

REEDUCAÇÃO ALIMENTAR

CADA GOTA DE SUOR, CADA MÚSCULO QUE SE CONTRAI E CADA RESPIRAÇÃO PROFUNDA NÃO SÃO APENAS SINAIS DE ESFORÇO FÍSICO, MAS TESTEMUNHOS DA INCRÍVEL CAPACIDADE DE ADAPTAÇÃO DO CORPO HUMANO.

CAPÍTULO 1

O EQUÍVOCO DA DIETA RESTRITIVA

Nossa sociedade contemporânea é inundada por uma cultura de dietas rápidas, soluções mágicas e promessas de perda de peso em um curto espaço de tempo. Essas abordagens, muitas vezes, são atrativas pois prometem resultados rápidos com o mínimo de esforço. No entanto, a verdade é que a maioria dessas "dietas milagrosas" se baseia em restrições extremas, o que não só é insustentável a longo prazo, mas também pode ser prejudicial para o corpo e a mente.

A reeducação alimentar não é uma dieta; é um processo. É uma abordagem que requer paciência, comprometimento e uma compreensão de que o verdadeiro emagrecimento, saúde e bem-estar vêm de um equilíbrio entre nutrição adequada e um estilo de vida ativo. Ao contrário das dietas temporárias, a reeducação alimentar não tem uma data de término. É uma jornada contínua de fazer escolhas alimentares conscientes que beneficiam tanto o corpo quanto a mente.

O PAPEL DA ALIMENTAÇÃO NO EMAGRECIMENTO E GANHO DE MASSA MUSCULAR

Alimentação e exercício andam de mãos dadas quando se trata de atingir objetivos físicos. Para emagrecer, é fundamental criar um déficit calórico - gastar mais calorias do que consumimos. No entanto, isso não significa simplesmente comer menos, mas sim comer melhor. Para aqueles que buscam ganhar massa muscular, a alimentação também é crucial. Consumir proteínas de alta qualidade, carboidratos complexos e gorduras saudáveis, em combinação com um treino adequado, é a chave para aumentar a massa magra.

A reeducação alimentar é a pedra angular de um estilo de vida saudável. Não se trata de seguir tendências dietéticas ou se privar dos alimentos que amamos, mas sim de aprender a comer de uma forma que nutra nosso corpo e mente. É sobre estabelecer uma relação saudável e equilibrada com a comida, reconhecendo-a como uma fonte de nutrição e prazer, e não como um inimigo. Ao longo deste capítulo, mergulharemos profundamente na reeducação alimentar, desvendando os mitos, destacando a verdade e fornecendo ferramentas práticas para iniciar esta jornada transformadora.

A DIFERENÇA EM RELAÇÃO ÀS DIETAS TEMPORÁRIAS.

A reeducação alimentar não é apenas uma estratégia para se perder peso, mas sim um processo de reaprender a se alimentar de forma equilibrada e saudável. Ela envolve uma profunda compreensão de como os alimentos afetam nosso corpo e mente e a conscientização das escolhas alimentares que fazemos diariamente. Ao contrário de dietas temporárias que têm como objetivo alcançar uma meta específica em um curto período, a reeducação alimentar é uma abordagem vitalícia para a nutrição.

Dietas da moda muitas vezes prometem perda de peso rápida por meio de restrições calóricas drásticas ou eliminação de certos grupos de alimentos. No entanto, tais dietas não são apenas insustentáveis, mas também podem ser prejudiciais. A restrição calórica severa pode levar a uma perda de massa muscular, diminuição do metabolismo e deficiências nutricionais. Além disso, após o término da dieta, muitos indivíduos acabam recuperando o peso perdido ou até mesmo ganhando mais, resultando no temido "efeito sanfona".

Reeducar-se em relação à comida é adotar uma mentalidade de longo prazo. Em vez de buscar soluções rápidas, é focar no bem-estar geral, considerando não apenas o aspecto físico, mas também o emocional e mental. Isso envolve aprender a ouvir e respeitar os sinais do próprio corpo, entender suas necessidades nutricionais e fazer escolhas alimentares informadas que promovam a saúde e a vitalidade.

A abordagem da reeducação alimentar coloca o indivíduo no controle de sua saúde. Ao aprender sobre os benefícios nutricionais dos alimentos e compreender a importância do equilíbrio, as pessoas estão melhor equipadas para fazer escolhas saudáveis de forma consistente. Tal abordagem também ajuda a combater o ciclo de dietas yo-yo e a promover uma relação saudável e positiva com a comida. Em uma era dominada pela indústria alimentícia, onde somos constantemente bombardeados com mensagens sobre o que deveríamos ou não comer, a reeducação alimentar é uma ferramenta poderosa para retomar o poder e a autonomia sobre nossa saúde e bem-estar.

Diferentemente das dietas temporárias que focam na privação, a reeducação alimentar é uma jornada de descoberta, onde se aprende a nutrir o corpo e a mente de maneira adequada. É uma abordagem holística e sustentável que reconhece a importância da nutrição na qualidade de vida e na saúde a longo prazo.

No caminho para a transformação corporal, seja pela perda de peso ou pelo ganho de massa muscular, a compreensão e o gerenciamento das calorias são fundamentais. O processo de emagrecimento, por exemplo, depende diretamente da criação de um déficit calórico, o que significa que para perder peso, você precisa consumir menos calorias do que gasta. Cada alimento que consumimos fornece uma certa quantidade de energia, medida em calorias, e nosso corpo utiliza essa energia para todas as suas funções vitais e atividades diárias.

EMAGRECIMENTO: CRIANDO UM DÉFICIT CALÓRICO

Para entender o emagrecimento, é essencial compreender que não apenas a quantidade, mas também a qualidade das calorias consumidas é crucial. Por exemplo, 100 calorias provenientes de brócolis ou peito de frango afetam o corpo de maneira muito diferente de 100 calorias de refrigerante ou batatas fritas. Alimentos densos em nutrientes, como vegetais de folhas verdes, frutas frescas, legumes e proteínas magras, oferecem mais benefícios para a saúde e a saciedade do que alimentos caloricamente densos e pobres em nutrientes.

Além de escolher os alimentos certos, é importante considerar que alimentos ricos em nutrientes e com baixas calorias podem ajudar a aumentar a sensação de saciedade. Isso permite que você se sinta satisfeito com menos calorias. Exemplos desses alimentos incluem vegetais como brócolis e espinafre, frutas como morangos e maçãs, legumes como lentilhas e grão-de-bico, e proteínas magras como tofu e peito de frango.

GANHO DE MASSA MUSCULAR: ALIMENTANDO OS MÚSCULOS

Quando se trata de ganhar massa muscular, a nutrição desempenha um papel igualmente vital. A proteína é o principal bloco construtor de músculos, essencial para sua reparação e crescimento. Fontes de proteína de alta qualidade incluem carnes magras, ovos, peixes como salmão, e alternativas vegetais como quinoa e lentilhas. Suplementos como a proteína de soro de leite (whey protein) também são populares entre aqueles que buscam aumentar a ingestão de proteínas.

Os carboidratos são igualmente importantes, funcionando como a principal fonte de energia para o corpo. Eles são indispensáveis especialmente para quem realiza treinos intensos, pois fornecem o combustível necessário para o desempenho e a recuperação. Fontes saudáveis de carboidratos incluem batata-doce, aveia, frutas e arroz integral.

As gorduras saudáveis também são fundamentais, não só para a saúde hormonal, mas também para a absorção eficiente de nutrientes. Elas são cruciais no processo de ganho muscular, fornecendo energia de longa duração e ajudando na recuperação muscular. Fontes excelentes de gorduras saudáveis incluem abacates, nozes, sementes como as de chia, azeite de oliva e peixes gordurosos como o salmão.

A jornada para transformar o corpo, seja emagrecendo ou ganhando massa muscular, envolve muito mais do que simples ajustes dietéticos. Ela requer uma abordagem holística que inclui não apenas a dieta, mas também exercícios regulares, descanso adequado e um forte componente de autodisciplina e motivação. Combinando uma compreensão profunda da nutrição com um plano de treinamento eficaz, você pode alcançar seus objetivos de saúde e fitness de maneira sustentável e satisfatória. E, ao fazê-lo, não apenas transforma seu corpo, mas também fortalece sua mente e espírito, abrindo caminho para uma vida mais saudável e energizada.

DESCONSTRUINDO AS DIETAS RESTRITIVAS

Dietas extremamente restritivas podem comprometer tanto o emagrecimento quanto o ganho de massa muscular. A privação de nutrientes essenciais pode resultar em perda muscular, metabolismo lento e até mesmo problemas de saúde a longo prazo. Em vez de restrição, a chave é o equilíbrio.

Seja para perder gordura ou ganhar músculo, a alimentação é um pilar central. Ao compreender e respeitar o papel da comida em nossos objetivos, e ao se familiarizar com alimentos saudáveis e nutritivos, podemos tomar decisões informadas que nos levam mais perto de nossas metas, garantindo saúde e bem-estar ao longo da jornada.

A busca incessante por resultados rápidos de emagrecimento pode levar muitas pessoas a adotarem dietas extremamente restritivas, influenciadas por celebridades, redes sociais e promessas tentadoras. Essas dietas prometem perda de peso rápida através de restrições severas na ingestão de calorias ou eliminação completa de certos grupos alimentares. Exemplos comuns incluem a dieta da sopa, que se baseia principalmente no consumo de sopas e evita outros alimentos sólidos, e a dieta do suco, que prioriza sucos e outros líquidos em detrimento de alimentos sólidos.

No entanto, apesar da atração de resultados imediatos, essas dietas podem ter repercussões significativas e duradouras que vão além do simples emagrecimento. Uma das consequências mais graves de uma dieta altamente restritiva é o risco de desnutrição. Ao eliminar grupos alimentares inteiros, os indivíduos podem privar-se de nutrientes essenciais. Por exemplo, dietas que cortam drasticamente os carboidratos podem resultar em uma deficiência de fibras, que são cruciais para a saúde digestiva e encontradas em abundância em alimentos como aveia, maçãs e brócolis.

Além da desnutrição, dietas com restrição severa de calorias ou nutrientes específicos podem levar à perda de massa muscular. Isso ocorre porque o corpo, ao não receber proteína suficiente através da dieta, começa a quebrar o tecido muscular para atender às suas necessidades energéticas. Alimentos ricos em proteínas, como ovos, peito de frango e lentilhas, são essenciais não apenas para a manutenção da massa muscular, mas também para o seu desenvolvimento e reparação.

Outro problema comum associado a dietas extremamente restritivas é o impacto negativo sobre o metabolismo. Tais dietas podem desacelerar o metabolismo basal, o que paradoxalmente torna a perda de peso mais difícil no longo prazo. Isso ocorre porque o corpo entra em um modo de “fome”, reduzindo a velocidade com que queima calorias para conservar energia.

Além dos efeitos físicos, as implicações psicológicas de dietas extremamente restritivas também são profundas. A restrição severa pode levar a transtornos alimentares, compulsões alimentares e uma relação geralmente insalubre com a comida. Esses problemas psicológicos podem resultar em ciclos de dieta e compulsão que são difíceis de quebrar e prejudiciais à saúde mental e física a longo prazo.

Portanto, enquanto a tentação de resultados rápidos pode ser forte, é crucial abordar a perda de peso de uma maneira equilibrada e sustentável. Adotar uma dieta equilibrada que inclua uma variedade de alimentos, garantindo assim a ingestão de todos os nutrientes essenciais, é fundamental. Além disso, incorporar exercícios físicos regulares e adotar uma perspectiva de longo prazo para mudanças no estilo de vida, em vez de soluções rápidas e temporárias, é a chave para alcançar e manter um peso saudável e um bem-estar geral.

Enquanto algumas pessoas podem ver uma rápida perda de peso inicialmente, grande parte dessa perda é de água e massa muscular, não de gordura. Além disso, essas dietas são insustentáveis a longo prazo. Quando se volta a uma alimentação regular, o peso é frequentemente recuperado, levando ao chamado “efeito sanfona”.

Ao contrário das dietas restritivas, a reeducação alimentar foca em aprender a comer de forma equilibrada, ouvindo as necessidades do corpo e fazendo escolhas saudáveis. Em vez de eliminar o pão, por exemplo, pode-se optar por versões integrais ou um pão com ovo no café da manhã. Em vez de cortar todos os doces, pode-se aprender a desfrutar de sobremesas saudáveis, como um smoothie de frutas ou chocolate amargo ou comer sobremesas tradicionais em uma frequência menor, como o famoso pudim que inclusive é a sobremesa que mais gosto.

As dietas restritivas podem parecer atraentes à primeira vista, mas trazem uma série de riscos para a saúde e o bem-estar. Ao invés de buscar soluções rápidas, o caminho para um corpo saudável e uma relação equilibrada com a comida passa pela reeducação alimentar, onde todos os alimentos têm seu lugar, e o foco é o equilíbrio e a nutrição.

O "efeito sanfona" é um termo usado para descrever o ciclo repetitivo de ganhar e perder peso, um fenômeno comum entre aqueles que seguem dietas restritivas. Esse ciclo não só gera frustrações mas também pode acarretar sérias consequências para a saúde a longo prazo. Vamos explorar as razões pelas quais isso acontece, as consequências desse ciclo e os riscos associados à privação de nutrientes essenciais.

CAUSAS DO EFEITO SANFONA

O efeito sanfona geralmente ocorre por causa das dietas de restrição calórica extrema. Quando a ingestão calórica é drasticamente reduzida, o corpo entra em modo de "economia de energia", desacelerando o metabolismo para conservar energia. Quando a dieta é interrompida e a ingestão calórica é aumentada, o metabolismo, ainda lento, tem dificuldade em lidar com o aumento súbito, resultando em rápido ganho de peso.

Além disso, muitas dietas rápidas promovem perda de massa magra, ou seja, músculo. Como os músculos queimam mais calorias em repouso do que a gordura, a perda de massa muscular durante dietas restritivas pode desacelerar ainda mais o metabolismo. Consumir alimentos ricos em proteínas, como peixes, tofu e quinoa, é crucial para manter e construir massa muscular, evitando assim a redução do metabolismo.

As oscilações de peso podem ter impactos negativos substanciais na saúde, incluindo:

- *Problemas Cardiovasculares*: O ciclo de ganho e perda de peso pode aumentar o risco de doenças cardíacas. Essas flutuações no peso estressam o coração e o tecido adiposo pode liberar substâncias prejudiciais ao sistema cardiovascular.
- *Desregulação Metabólica*: As constantes variações de peso podem confundir o metabolismo, tornando-o menos eficiente com o tempo.
- *Problemas Psicológicos*: A instabilidade no peso afeta negativamente a autoestima e pode levar a sentimentos de fracasso e desesperança, impactando seriamente a saúde mental.

RISCOS DA PRIVAÇÃO DE NUTRIENTES

Dietas extremamente restritivas frequentemente resultam em deficiências nutricionais:

- Deficiências Nutricionais: Evitar grupos alimentares inteiros pode levar à falta de nutrientes essenciais. A ausência de frutas e vegetais na dieta, por exemplo, pode resultar em deficiência de vitaminas e minerais cruciais, como vitamina C e ferro.
- Problemas Digestivos: Uma dieta pobre em fibras pode causar constipação e outros problemas digestivos. Fibras, encontradas em alimentos como chia, aveia e peras, são vitais para a saúde digestiva.
- Problemas de Humor e Energia: A carência de nutrientes importantes pode afetar o humor e os níveis de energia, levando a sentimentos de letargia e até depressão.

O caminho para um emagrecimento saudável e sustentável não deve ser pavimentado com privações extremas ou soluções rápidas. As adversidades relacionadas ao efeito sanfona e os riscos das dietas restritivas destacam a importância de adotar uma abordagem equilibrada e focada na reeducação alimentar. Compreender e respeitar as necessidades do corpo é fundamental para alcançar e manter um peso saudável sem sucumbir às armadilhas de dietas passageiras. Ao invés de buscar soluções rápidas, é mais eficaz desenvolver hábitos alimentares sustentáveis que nutram o corpo adequadamente enquanto promovem a perda de peso.

A PSICOLOGIA POR TRÁS DA RESTRIÇÃO: ENTENDENDO POR QUE CAÍMOS NA ARMADILHA DAS DIETAS DA MODA.

Em meio à constante enxurrada de imagens de corpos "perfeitos" e promessas de perda de peso rápida, as dietas da moda frequentemente emergem como atalhos atraentes para aqueles que buscam resultados imediatos. Essa busca por soluções rápidas reflete o desejo de gratificação instantânea tão prevalente em nossa cultura contemporânea. Seja uma dieta de sucos que promete perda de peso significativa em poucos dias ou regimes alimentares extremamente restritivos, o apelo dessas dietas muitas vezes se baseia na promessa de transformação rápida e sem esforço aparente.

A indústria da dieta aproveita-se dessa nossa tendência à busca por resultados rápidos, utilizando publicidade sedutora e endossos de celebridades para promover seus produtos. As imagens de pessoas magras, sorridentes e supostamente felizes nos fazem acreditar que, ao seguir o mesmo regime, alcançaremos resultados semelhantes. Essa influência é potencializada quando figuras públicas e celebridades promovem essas dietas, muitas vezes sem divulgar os potenciais riscos ou a falta de sustentabilidade desses métodos.

As pressões socioculturais adicionam outra camada de complexidade à questão. Os padrões de beleza, que frequentemente idolatram a magreza como sinônimo de sucesso e autocontrole, permeiam muitas sociedades contemporâneas, criando expectativas irreais e inatingíveis para muitos. Comentários de familiares, amigos ou mesmo desconhecidos podem desencadear uma busca desesperada por soluções rápidas para atender a esses padrões, muitas vezes à custa da saúde e do bem-estar.

Além disso, em períodos de estresse ou incerteza, controlar rigorosamente a ingestão de alimentos pode proporcionar a algumas pessoas uma ilusão de controle sobre suas vidas. Esse comportamento restritivo pode, paradoxalmente, levar a um ciclo de compulsão alimentar, onde o controle extremo é seguido por períodos de consumo descontrolado, exacerbando o problema que se pretendia resolver. As dietas que categorizam alimentos como "bons" e "ruins" também contribuem para uma relação disfuncional com a comida, criando medos e evitando grupos alimentares inteiros, como os carboidratos, baseados em conceitos muitas vezes mal interpretados ou distorcidos.

A relação entre dietas restritivas e compulsão alimentar é particularmente preocupante. Ao se privar severamente de alimentos e calorias, o corpo pode responder com desejos intensos, levando a episódios de compulsão alimentar. Esses episódios não apenas sabotam os esforços de emagrecimento como também podem causar danos psicológicos significativos, contribuindo para um ciclo vicioso de culpa e restrição. Essa dinâmica ilustra a importância de abordar a questão do emagrecimento com uma perspectiva mais holística e sustentável.

Compreender as motivações psicológicas por trás das escolhas alimentares e das práticas dietéticas é crucial para desenvolver uma relação mais saudável com a comida e com o próprio corpo. Ao invés de se render a dietas da moda, é mais benéfico adotar uma abordagem equilibrada, que inclua uma variedade de alimentos nutritivos e permita flexibilidade e prazer no processo alimentar. Educando-se sobre nutrição e rejeitando a noção de alimentos como inimigos, podemos cultivar hábitos que sustentem não apenas nossa saúde física, mas também nossa satisfação e bem-estar emocional a longo prazo.

CAPÍTULO 2

A INDÚSTRIA ALIMENTÍCIA E A MÍDIA

No mundo atual, a relação entre a indústria alimentícia e a mídia é poderosa e inegável. Ambas desempenham um papel significativo em moldar nossas percepções, escolhas e hábitos alimentares. Entender essa dinâmica é fundamental para uma reeducação alimentar bem-sucedida.

A indústria alimentícia e a mídia desempenham papéis cruciais na configuração das dietas modernas, influenciando profundamente nossas escolhas alimentares e percepções de saúde. Esta interação complexa entre produção, publicidade e consumo não apenas molda o que comemos, mas também como pensamos sobre comida e saúde.

A indústria alimentícia, em sua busca incessante por lucros, muitas vezes projeta alimentos que são quase irresistíveis. Esses produtos, conhecidos como hiperpalatáveis, são carregados com sal, açúcar e gorduras em quantidades meticulosamente calculadas para maximizar o prazer e, consequentemente, o consumo. Alimentos como batatas fritas, biscoitos, refrigerantes e cereais matinais são formulados para desencadear uma resposta quase viciante, fazendo com que os consumidores voltem por mais.

Além da formulação de produtos, a indústria alimentícia também investe pesadamente em publicidade. Bilhões são gastos anualmente para garantir que produtos específicos capturem a atenção do consumidor, com campanhas publicitárias que frequentemente miram públicos vulneráveis, como crianças. Através de personagens coloridos, brindes e slogans cativantes, essas campanhas criam uma conexão emocional com os produtos que pode durar uma vida inteira.

Outra tática comum é a rotulagem enganosa. As embalagens dos produtos muitas vezes destacam supostos benefícios à saúde, como "baixo teor de gordura" ou "rico em fibras", enquanto ocultam informações sobre altos níveis de açúcar, aditivos e conservantes. Esse tipo de marketing pode induzir os consumidores a fazerem escolhas menos saudáveis, acreditando que estão optando por opções benéficas.

MÍDIA: INFLUÊNCIA E PERCEPÇÃO

A mídia, especialmente as plataformas de mídia social como o Instagram, também tem um impacto significativo nas tendências alimentares. Alimentos que são visualmente atraentes muitas vezes ganham destaque, tornando-se virais não por seu valor nutricional, mas por sua estética "instagramável". Essa tendência pode levar muitos a buscar opções alimentares que são mais sobre forma do que substância.

Influenciadores e celebridades frequentemente endossam dietas, produtos e suplementos específicos, exercendo uma influência massiva sobre seus seguidores. Esses endossos, que nem sempre são baseados em evidências científicas sólidas, podem levar a escolhas alimentares questionáveis e até prejudiciais.

Programas de televisão, particularmente reality shows focados em perda de peso, podem criar percepções distorcidas sobre alimentação e saúde. Eles muitas vezes promovem a ideia de que transformações drásticas são tanto desejáveis quanto facilmente alcançáveis, ignorando as complexidades reais da perda de peso saudável e da manutenção do peso.

DILEMAS MODERNOS: CONVENIÊNCIA VERSUS SAÚDE

No ritmo acelerado do mundo moderno, alimentos prontos e fast food emergiram como soluções convenientes para o dia a dia. No entanto, essas opções geralmente carecem de valor nutricional, sendo ricas em calorias vazias e aditivos prejudiciais à saúde. O desafio de decifrar etiquetas de alimentos complica ainda mais o cenário, pois muitos consumidores lutam para entender a lista de ingredientes e informações nutricionais, frequentemente obscurecidas por termos técnicos e marketing enganoso.

Diante desses desafios, é essencial que nos tornemos consumidores informados e críticos. Entender as estratégias da indústria alimentícia e da mídia nos permite resistir às suas táticas mais persuasivas e escolher alimentos que verdadeiramente beneficiem nossa saúde. Ao optar conscientemente por dietas ricas em alimentos naturais e minimamente processados, podemos combater as influências negativas e sustentar nossa saúde e bem-estar a longo prazo.

Em suma, enquanto a indústria alimentícia e a mídia continuarão a desempenhar seus papéis no mercado, cabe a cada indivíduo fazer escolhas alimentares informadas que priorizem a nutrição genuína sobre a conveniência e a estética superficial. Reconhecendo e compreendendo essas forças, podemos começar a fazer escolhas que sustentem não apenas nossa saúde pessoal, mas também promovam uma sociedade mais saudável.

A PROPAGANDA ENGANOSA: COMO SOMOS LEVADOS A CONSUMIR MAIS E PIOR.

Diariamente, somos inundados por uma enxurrada de mensagens publicitárias que prometem maravilhas em relação a alimentos e produtos de saúde, muitas das quais são exageradas, distorcidas ou completamente falsas. A capacidade de discernir essas mensagens e entender como elas influenciam nossas decisões alimentares é fundamental para uma reeducação alimentar eficaz e para a promoção de uma vida mais saudável.

A indústria alimentícia, em seu esforço para maximizar lucros, frequentemente emprega táticas subliminares poderosas que moldam nossas percepções e comportamentos sem que sequer percebamos. Por exemplo, anúncios que associam alimentos não saudáveis a imagens de felicidade e sucesso criam associações mentais que nos levam a associar o consumo desses produtos a sentimentos positivos. Uma propaganda de refrigerante apresentando uma família feliz em um piquenique não apenas vende o produto, mas vende um ideal de alegria e união que desejamos experienciar.

Outra estratégia comum é o endosso de celebridades, onde atletas e figuras públicas promovem produtos, emprestando sua credibilidade e apelo ao item promovido. Quando um atleta famoso aparece em comerciais de snacks salgados, a mensagem implícita é que esses produtos são parte de um estilo de vida ativo e saudável, mesmo que a realidade nutricional do produto seja bastante diferente.

O jargão científico também é uma ferramenta frequentemente utilizada para conferir uma aura de credibilidade a produtos que podem não ser saudáveis. Termos como "antioxidantes", "probióticos" ou "ricos em fibras" são usados liberalmente, muitas vezes em contextos que enganam os consumidores sobre os verdadeiros benefícios dos produtos, que podem estar carregados de açúcares adicionados ou outros ingredientes nocivos.

As mensagens publicitárias também podem ser intencionalmente distorcidas para criar uma impressão errônea sobre a saúde de um produto. Alegações de saúde vagas que não são suportadas por evidências científicas robustas são comuns, assim como produtos que se promovem como "livres de" certos ingredientes percebidos negativamente, como glúten ou gordura trans. Essas alegações podem desviar a atenção de outros aspectos menos saudáveis do produto, como alto teor de açúcar ou calorias.

Outro aspecto preocupante é a influência dessas mensagens em populações vulneráveis, especialmente crianças. Publicidade direcionada para o público infantil, utilizando mascotes coloridos, brindes e embalagens atraentes, visa incutir preferências de marca e hábitos alimentares que podem durar a vida inteira. Da mesma forma, produtos "diet" ou "light" são frequentemente comercializados para aqueles que estão tentando perder peso, sugerindo que são opções saudáveis quando, na realidade, podem conter substitutos do açúcar ou outros aditivos que têm seus próprios problemas de saúde.

A publicidade enganosa é um problema sério que exige um consumidor informado e cético. Compreender essas táticas publicitárias e aprender a ler além delas é crucial para fazer escolhas alimentares que realmente beneficiem nossa saúde e bem-estar. Ao se armar com conhecimento e uma dose saudável de ceticismo, é possível desvendar as verdadeiras intenções por trás das mensagens glamourosas e fazer escolhas que sustentem a saúde de maneira genuína e informada.

ALIMENTOS HIPERPALATÁVEIS: ENTENDA SUA COMPOSIÇÃO E SEUS EFEITOS VICIANTES.

Desde tempos imemoriais, a humanidade tem buscado alimentos que satisfaçam o paladar. Essa busca, no entanto, evoluiu significativamente com o advento da era moderna, transformando-se numa indústria multimilionária que desenvolve alimentos especificamente projetados para maximizar o prazer sensorial, frequentemente em detrimento da nutrição e saúde.

Na vanguarda dessa indústria estão os alimentos hiperpalatáveis, caracterizados por altas doses de açúcares, gorduras e sal. Esses componentes são combinados de forma meticulosa para atingir o chamado "ponto de felicidade" — um equilíbrio quase perfeito que maximiza o desejo e consumo do produto. Por exemplo, refrigerantes e doces são carregados de açúcares que melhoram instantaneamente o sabor, enquanto snacks e fast foods são repletos de gorduras saturadas e trans que oferecem aquela textura irresistível.

Além de serem extremamente saborosos, esses alimentos têm um efeito quase viciante no cérebro. Estudos indicam que o consumo de alimentos hiperpalatáveis ativa áreas do cérebro associadas ao prazer e recompensa de forma similar ao que ocorre com substâncias viciantes como drogas. Isso pode desencadear um ciclo de desejo e consumo que é difícil de quebrar. Além disso, alimentos ricos em açúcares e gorduras podem perturbar a função da leptina, o hormônio responsável por sinalizar a saciedade ao cérebro, fazendo com que a pessoa não se sinta satisfeita e continue comendo.

O consumo frequente desses alimentos não só leva a desejos recorrentes devido a picos e quedas nos níveis de insulina, como também contribui para uma série de problemas de saúde. O ganho de peso é uma das consequências mais diretas, já que a alta densidade calórica desses alimentos propicia a ingestão excessiva de calorias. Além disso, há um risco aumentado de desenvolver doenças crônicas, como diabetes tipo 2, doenças cardíacas e até certos tipos de câncer.

As implicações desses hábitos alimentares vão além do físico, afetando também a saúde mental. Estudos recentes apontam que uma dieta rica em alimentos hiperpalatáveis pode estar ligada a condições como depressão e ansiedade, evidenciando uma conexão profunda entre o que comemos e como nos sentimos.

Entender como a indústria alimentícia utiliza esses elementos sensoriais para encorajar o consumo excessivo é crucial. Isso não apenas capacita os indivíduos a fazer escolhas mais informadas, mas também os incentiva a buscar alternativas mais saudáveis. A reeducação alimentar, portanto, começa com o reconhecimento de que devemos priorizar a saúde a longo prazo em vez de ceder ao prazer imediato proporcionado por esses alimentos enganosamente atrativos. Com esse conhecimento, podemos começar a desmontar as armadilhas colocadas pela indústria alimentícia e optar por um caminho que favorece tanto nossa saúde física quanto mental, escolhendo alimentos que são tanto nutritivos quanto satisfatórios.

A VERDADE SOBRE OS ALIMENTOS INDUSTRIALIZADO

Já se perguntou sobre a quantidade de alimentos industrializados que consome diariamente? Aquelas batatas chips irresistíveis, refrigerantes gelados, biscoitos recheados que parecem ser a solução perfeita para um lanche rápido - são opções apetitosas e práticas, mas é crucial entender o que estamos consumindo e como isso impacta nossa saúde e nossos objetivos de emagrecimento e ganho de massa muscular.

Os alimentos industrializados são atraentes por sua conveniência, mas essa comodidade tem um preço. Produzidos em larga escala, esses produtos são formulados para terem uma longa durabilidade, sabor intenso e alta praticidade. Para alcançar essas características, são adicionados conservantes, corantes, saborizantes e outros aditivos químicos. Quantas vezes você se pegou lendo um rótulo e se deparando com uma lista extensa de ingredientes desconhecidos? Esses são os atalhos utilizados pela indústria alimentícia para cativar seu paladar e garantir sua fidelidade ao produto.

Muitos desses alimentos contêm gorduras trans, um tipo de gordura amplamente utilizada na indústria devido à sua capacidade de prolongar a vida útil dos produtos e melhorar a textura. No entanto, as gorduras trans estão associadas a uma série de problemas de saúde, como doenças cardíacas, e podem comprometer seriamente os esforços para emagrecer e construir músculos.

Outro perigo oculto nos alimentos industrializados é a quantidade surpreendente de açúcares adicionados, muitas vezes escondidos sob diferentes nomes nos rótulos, como xarope de milho de alta frutose ou maltodextrina. Tais açúcares, presentes até mesmo em produtos etiquetados como "light" ou "saudáveis", como molhos de salada e iogurtes, podem levar ao ganho de peso e a várias doenças crônicas.

O sal é outro ingrediente frequentemente adicionado em excesso para realçar o sabor. O consumo elevado de sal pode causar retenção de água, hipertensão e outros problemas de saúde. É crucial estar atento a quanto sal está realmente nos alimentos que consumimos, pois muitas vezes o sódio está lá, escondido atrás de um sabor delicioso.

A prática de ler e entender os rótulos dos produtos é essencial. Por mais que a embalagem anuncie "natural", "light" ou "integral", o conteúdo pode não ser tão saudável quanto parece. Aprender a decifrar essas informações é uma ferramenta poderosa para quem deseja fazer escolhas alimentares mais conscientes e saudáveis.

Ao familiarizar-se com esses conceitos e compreender os impactos dos alimentos industrializados no corpo, você dá um passo crucial para fazer escolhas mais informadas e alinhadas com seus objetivos de saúde. Seu corpo merece o melhor, e isso começa com a comida que você escolhe para nutri-lo. Uma alimentação consciente e saudável é o alicerce para uma vida longa e plena, onde cada escolha alimentar é um reflexo do respeito e cuidado que você tem por si mesmo.

CONSEQUÊNCIAS À SAÚDE: RELAÇÃO COM DOENÇAS CRÔNICAS E OBESIDADE.

Na jornada rumo a uma vida mais saudável e equilibrada, é crucial compreender não apenas os efeitos imediatos dos alimentos consumidos, mas também as repercussões de longo prazo que eles podem acarretar. Frequentemente, as respostas para persistentes questões de saúde residem naquilo que colocamos em nosso prato.

A obesidade, por exemplo, transcende a esfera estética e é frequentemente alimentada por produtos processados e industrializados, ricos em açúcares, gorduras e sal. Esses alimentos não apenas adicionam calorias vazias à dieta, mas também interferem na sensação de saciedade, propiciando um consumo ainda maior. Itens aparentemente inofensivos como biscoitos recheados ou refrigerantes podem iniciar um ciclo vicioso de excessos alimentares.

Outra condição preocupante é o diabetes tipo 2, intimamente ligado ao consumo de alimentos ricos em açúcares e carboidratos simples. A ingestão habitual desses produtos provoca flutuações drásticas nos níveis de insulina, podendo eventualmente desencadear resistência à insulina, um estágio preliminar dessa doença crônica. Assim, cada sobremesa açucarada ou lanche rápido pode estar minando, sem alarde, a sua saúde.

As doenças cardíacas também têm forte conexão com a alimentação, especialmente com o consumo excessivo de gorduras saturadas e trans, presentes em alimentos como batatas fritas e hambúrgueres, e de sódio, abundante em pizzas e lasanhas congeladas. Esses componentes contribuem para o acúmulo de placas nas artérias e aumento da pressão arterial, elevando significativamente o risco de complicações cardíacas.

Além disso, há indícios de que uma dieta rica em alimentos processados pode aumentar o risco de certos tipos de câncer. Embutidos, por exemplo, contêm nitritos e nitratos que podem transformar-se em agentes cancerígenos durante a digestão.

Por fim, a relação entre alimentação e saúde mental não pode ser ignorada. A ingestão desregrada de alimentos ricos em açúcares e gorduras não afeta apenas o físico, mas também o emocional. Alterações no humor, nos níveis de energia e na capacidade de concentração são frequentemente observadas após episódios de má alimentação.

Espera-se que, ao entender essas implicações profundas, você se sinta mais equipado e motivado a optar por uma alimentação que verdadeiramente nutra e proteja seu corpo. Afinal, cuidar de si mesmo é um ato de amor e respeito, e começa com as escolhas que fazemos na cozinha. A alimentação consciente é mais do que uma simples seleção de ingredientes; é um compromisso com a própria vida, garantindo não apenas mais anos à vida, mas mais vida aos anos.

DESVENDANDO RÓTULOS: COMO ENTENDER E FAZER ESCOLHAS MAIS INTELIGENTES

Ao começar sua jornada de reeducação alimentar, um dos seus maiores aliados é a habilidade de compreender os rótulos dos alimentos que consome. Dominar essa arte pode parecer desafiador no início, mas é crucial para fazer escolhas alimentares conscientes e saudáveis. Vamos mergulhar juntos nessa descoberta para que você possa caminhar pelos corredores do supermercado com confiança e discernimento.

Quando você pega um produto e lê uma longa lista de ingredientes, muitos deles impronunciáveis, já é um sinal de alerta. Como regra geral, quanto mais curta e mais reconhecível for a lista, mais natural é o produto. Por exemplo, um pacote de amêndoas deve listar apenas "amêndoas". Em contraste, um pacote de biscoitos pode listar itens como "glutamato monossódico" ou "corante amarelo 5", ingredientes que devem acender uma luz de cautela em sua escolha.

A ordem dos ingredientes é crucial. Eles são listados por predominância no produto. Se "açúcar" é o primeiro ingrediente em um pacote de cereais, isso indica que é o componente mais abundante. Esse pequeno detalhe pode revelar muito sobre a qualidade nutricional do alimento que você está considerando.

As tabelas nutricionais, embora possam parecer complicadas, são essenciais para entender o que você está consumindo. É importante verificar as quantidades de gorduras saturadas, sódio e açúcares. Por exemplo, um iogurte pode parecer uma opção saudável até que você descubra que contém 20 gramas de açúcar por porção.

Frequentemente ignorado, o tamanho da porção é vital. Um produto pode parecer baixo em calorias até que você perceba que as porções por embalagem multiplicam esse número significativamente. Por exemplo, se um pacote de batatas fritas anuncia "150 calorias por porção" e contém três porções, consumir o pacote inteiro significa ingerir 450 calorias.

As embalagens podem ser enganosas com alegações como "natural", "integral" ou "sem açúcar". Um suco etiquetado como "100% natural" ainda pode estar carregado de açúcares naturais. É essencial ler além das grandes letras na frente e verificar os detalhes nas informações nutricionais para entender verdadeiramente o que está sendo prometido.

É vital lembrar que a indústria alimentícia é movida pelo lucro. Sua responsabilidade, enquanto consumidor informado, é garantir que suas escolhas estejam alinhadas com seus objetivos de saúde e bem-estar. Armado com esses conhecimentos, você pode fazer escolhas alimentares que realmente beneficiem sua saúde a longo prazo.

Cada vez que você se depara com uma escolha alimentar, pense nela como mais do que apenas uma decisão momentânea; é uma decisão que afeta seu corpo e saúde. Por isso, sempre que estiver em dúvida, retorne a essas diretrizes. Sinta-se empoderado para fazer escolhas que não só satisfazem seu paladar mas que também promovem seu bem-estar e ajudam a alcançar e manter seu peso ideal de maneira saudável e sustentável.

O PLANEJAMENTO É O ALICERCE DE QUALQUER JORNADA BEM-SUCEDIDA DE FITNESS. ELE OFERECE UMA ESTRUTURA, DIREÇÃO E, MAIS IMPORTANTE, UM SENTIDO DE PROPÓSITO.

CAPÍTULO 3

COMO RE-APRENDER A COMER

Iniciar uma jornada de reeducação alimentar pode inicialmente parecer uma tarefa desafiadora, mas abordar essa mudança passo a passo pode simplificar significativamente a transição de hábitos alimentares menos saudáveis para um regime alimentar mais equilibrado. Essa transformação não só melhora a qualidade de vida mas também solidifica um relacionamento mais saudável com os alimentos.

O primeiro passo vital é reconhecer a necessidade de mudança. Isso não envolve sentir-se mal consigo mesmo, mas sim identificar e compreender os hábitos alimentares que deseja modificar e os motivos que impulsionam esses padrões. Com essa consciência, você pode começar a traçar um caminho claro para a melhoria.

Estabelecer metas claras e realistas é o segundo passo crucial. É importante definir objetivos específicos, seja melhorar a energia diária, reduzir o consumo de açúcares, ou aumentar a ingestão de proteínas para fortalecer os músculos. Essas metas servirão como faróis, mantendo você focado e direcionado durante sua jornada de reeducação.

Educar-se sobre nutrição é outro componente essencial. Entender os grupos alimentares e a função de cada tipo de alimento no corpo capacita você a fazer escolhas mais informadas. Saber que os carboidratos complexos fornecem energia prolongada e que as proteínas são vitais para a reparação e crescimento muscular ajuda a montar uma dieta equilibrada e nutritiva.

Aprender a ouvir seu corpo é fundamental para diferenciar a fome física da emocional. Isso permite que você evite comer por impulso, ansiedade ou tédio, focando em consumir alimentos que atendam às suas verdadeiras necessidades nutricionais.

Planejar suas refeições com antecedência é uma estratégia eficaz para manter a disciplina. Ao preparar e saber antecipadamente o que você vai comer ao longo do dia, você reduz a tentação de optar por escolhas impulsivas e menos saudáveis.

Fazer substituições inteligentes é uma tática menos drástica que pode levar a mudanças significativas. Por exemplo, substituir batatas fritas por versões assadas ou trocar o refrigerante por água saborizada pode satisfazer seus desejos sem comprometer sua saúde.

Ter suporte é crucial. Compartilhar seus objetivos e progressos com amigos e familiares pode fornecer a motivação extra necessária para continuar, especialmente nos momentos mais desafiadores.

Reavaliar seus progressos regularmente permite ajustes necessários e celebração das vitórias, por menores que sejam. Esse processo de avaliação ajuda a manter o curso e a adaptar estratégias conforme necessário, garantindo que sua dieta evolua junto com suas necessidades e estilo de vida.

Ao adotar essas etapas, lembre-se de que reeducar seus hábitos alimentares é um processo contínuo. Celebrar cada pequena vitória e aprender com os deslizes são partes importantes desse percurso. Com paciência e persistência, você construirá um estilo de vida alimentar que não apenas atende às suas necessidades nutricionais mas também promove um bem-estar duradouro.

AUTOCONHECIMENTO: ENTENDENDO SUA RELAÇÃO COM A COMIDA

Quando falamos em reeducação alimentar e em busca de uma vida mais saudável, frequentemente nos concentramos nos aspectos físicos, como o que comer e quando comer. No entanto, uma parte essencial dessa jornada é entender a mente e a maneira como ela influencia nossas decisões alimentares.

Comece refletindo sobre suas primeiras memórias relacionadas à comida. Quais pratos eram frequentes em sua casa durante a infância? Existiam regras rígidas sobre o que e quando comer? Reconhecer essas influências iniciais pode lançar luz sobre seus hábitos atuais.

Quantas vezes você já se presenteou com um doce após um dia difícil? Ou recorreu a uma refeição reconfortante para aliviar o estresse?

Entenda como a comida pode atuar como uma ferramenta emocional e as implicações disso para sua saúde.

Você já parou para pensar se está comendo porque está realmente com fome ou porque está entediado, triste ou ansioso? Aprenda a diferenciar esses dois tipos de fome e descubra estratégias para lidar com a fome emocional de maneira saudável.

Existem situações específicas, ambientes ou emoções que o levam a comer mais ou a optar por alimentos menos saudáveis? Identificar e entender esses gatilhos é o primeiro passo para superá-los.

Muitos de nós somos duros demais consigo mesmos quando se trata de dieta e alimentação. Ao invés de se concentrar apenas no peso ou nas calorias, comece a definir o sucesso em termos de como você se sente, seu emagrecimento, sua energia e sua saúde geral.

Introduza práticas como a escrita reflexiva ou a meditação para ajudar a se aprofundar em sua relação com a comida. Ao dedicar tempo para olhar para dentro de si mesmo, você pode descobrir padrões e crenças que anteriormente estavam ocultos.

Se você sente que sua relação com a comida é particularmente desafiadora ou problemática, não há vergonha em buscar ajuda. Nutricionistas, terapeutas e outros profissionais de saúde podem oferecer suporte e orientação valiosos.

Entender sua relação com a comida vai além de saber o que está no seu prato. Trata-se de compreender o papel que a alimentação desempenha em sua vida e as emoções e pensamentos que a acompanham. Ao cultivar o autoconhecimento, você estará mais bem equipado para fazer escolhas alimentares que nutrem não apenas seu corpo, mas também sua mente e espírito. Lembre-se de que esta é uma jornada contínua, e cada passo em direção ao autoconhecimento é uma vitória.

PEQUENAS MUDANÇAS, GRANDES RESULTADOS: A IMPORTÂNCIA DE COMEÇAR DEVAGAR.

Quando se decide adotar um estilo de vida mais saudável e mudar a relação com a alimentação, o entusiasmo inicial muitas vezes nos impulsiona a querer fazer grandes alterações de uma só vez. No entanto, é nas pequenas mudanças, aplicadas consistentemente ao longo do tempo, que residem os resultados mais duradouros e menos estressantes. A chave para uma transformação eficaz não está nas revoluções abruptas, mas sim na evolução gradual e constante dos hábitos alimentares.

A psicologia por trás das pequenas mudanças é bastante clara: ajustes menores são mais fáceis de serem adotados e mantidos. Mudanças drásticas, embora possam parecer efetivas no curto prazo, tendem a criar uma resistência psicológica significativa, gerando um retorno quase inevitável aos velhos hábitos. Pequenos passos, por outro lado, são menos intimidadores e mais gerenciáveis, facilitando a incorporação no cotidiano sem grande estresse ou resistência.

Vamos considerar exemplos simples, mas poderosos, de como pequenas ações podem ter grandes impactos. Trocar o refrigerante por água é uma mudança simples que reduz significativamente a ingestão de açúcares e calorias vazias. Adicionar uma porção extra de legumes ou saladas às refeições diárias pode aumentar o consumo de fibras e nutrientes essenciais sem grandes alterações no cardápio habitual. Substituir lanches processados por opções naturais, como nozes ou frutas, elimina conservantes e aditivos químicos, contribuindo para uma dieta mais limpa e saudável.

O efeito cumulativo dessas pequenas mudanças é surpreendente. Considere o impacto a longo prazo de substituir um café da manhã açucarado por opções equilibradas todos os dias por um ano. Essas transformações diárias somam-se a uma melhoria considerável na saúde geral e no bem-estar.

A evolução da autoeficácia também é um aspecto crucial. À medida que você celebra cada pequena vitória, sua confiança em sua capacidade de realizar mudanças positivas cresce. Esse reforço positivo nutre seu compromisso com um estilo de vida mais saudável, impulsionando-o a continuar fazendo escolhas benéficas.

Além disso, adotar mudanças graduais minimiza o risco do efeito sanfona, aquele ciclo frustrante de ganho e perda de peso. Mudanças abruptas podem levar a resultados rápidos, mas raramente são sustentáveis, frequentemente resultando no retorno aos hábitos antigos. As mudanças graduais, por outro lado, são incorporadas de maneira mais natural e permanente ao estilo de vida, promovendo uma melhoria contínua sem grandes retrocessos.

Estabelecer novos hábitos deve ser um processo deliberado e medido. Começar por diminuir a quantidade de açúcar no café e, em seguida, optar por um cereal matinal com menos açúcar são exemplos de como você pode progressivamente remodelar sua dieta. Cada pequeno ajuste prepara o terreno para o próximo, criando uma cadeia de sucessos que reforça sua determinação e capacidade de realizar mudanças ainda maiores.

Em suma, compreender que a reeducação alimentar é uma maratona e não uma corrida é essencial. Não se trata de fazer as alterações mais rápidas, mas sim de sustentar essas mudanças a longo prazo. Aceitar que cada pequena escolha saudável é um passo na direção certa, e lembrar-se de que a perfeição não é o objetivo, mas sim a persistência, é fundamental para alcançar uma verdadeira transformação em sua saúde e bem-estar. As pequenas mudanças que você começa hoje são os pilares de uma grande transformação no futuro.

A EFICIÊNCIA DO QUEIMA 360º E DO RITBOX NA REDUÇÃO DE GORDURA CORPORAL É NOTÁVEL, ESPECIALMENTE NO QUE TANGE À GORDURA ABDOMINAL, NOTORIAMENTE DIFÍCIL DE ELIMINAR.

CAPÍTULO 4

EVITANDO AS TENTAÇÕES

Nossa jornada rumo a uma alimentação saudável está repleta de desafios e tentações. Aquele doce irresistível ou o fast-food saboroso após um dia estressante pode facilmente desviar-nos do caminho planejado. No entanto, ao invés de confiar exclusivamente na força de vontade, é mais eficaz armar-se com estratégias e conhecimentos que nos ajudam a manter a resolução de seguir uma dieta saudável.

Primeiramente, o conhecimento sobre nossos próprios gatilhos é fundamental. É importante identificar situações e emoções que frequentemente nos levam a fazer escolhas alimentares impulsivas. Seja uma festa de aniversário no escritório ou o jantar em família, saber de antemão que esses eventos podem representar uma tentação permite que nos preparemos melhor. Da mesma forma, entender que emoções como estresse, tristeza ou tédio nos fazem buscar conforto na comida nos ajuda a desenvolver estratégias mais saudáveis para lidar com esses sentimentos.

A preparação antecipada é outra tática essencial. Manter opções saudáveis ao alcance, como nozes, frutas ou barrinhas de cereais, significa que, quando a fome surgir, você não recorrerá a alternativas menos saudáveis. Planejar suas refeições com antecedência, talvez com a ajuda de um aplicativo de planejamento de refeições, pode reduzir significativamente a probabilidade de decisões alimentares impulsivas.

Redefinir o ambiente ao seu redor também ajuda. Remover alimentos ultra-processados de sua despensa e estocá-la com ingredientes frescos e nutritivos torna muito menos provável que você ceda a tentações. Criar um ambiente agradável para suas refeições, evitando distrações como TV ou computador, pode ajudar você a desfrutar mais do que come e a reconhecer quando está satisfeito.

Outra estratégia valiosa é recrutar um companheiro de jornada. Compartilhar seus desafios e sucessos com alguém pode ser extremamente motivador. Seja um amigo, um membro da família ou um grupo de apoio como um que mantenho para minha mentoria online, ter apoio pode fazer uma grande diferença. Compartilhar experiências com outros que têm objetivos semelhantes ou que já superaram desafios similares pode oferecer inspiração e motivação adicionais.

Além disso, aprender a lidar com deslizes é crucial. Ser duro consigo mesmo por causa de um deslize ocasional é contraproducente. Em vez disso, é importante reconhecer o desvio, aprender com ele e seguir em frente. Refletir sobre o que levou ao desvio e desenvolver estratégias para lidar com situações semelhantes no futuro pode prevenir futuras recaídas.

Em resumo, uma abordagem passo a passo para mudar seus hábitos alimentares pode fazer uma grande diferença. Não se trata de buscar a perfeição, mas sim o progresso. Cada escolha consciente que você faz, cada pequena mudança que você implementa, acumula-se e, eventualmente, essas pequenas vitórias se transformam em uma grande transformação. Com estratégias eficazes e o suporte certo, você pode navegar com confiança na jornada de reeducação alimentar e alcançar uma vida mais saudável e equilibrada.

MINDFULNESS E ALIMENTAÇÃO CONSCIENTE.

Na vida agitada que muitos de nós levamos, com estímulos incessantes e tarefas que se acumulam, é fácil nos desconectarmos de nós mesmos e das nossas ações cotidianas, incluindo como e o que comemos. Quantas vezes você já se viu comendo enquanto trabalhava, assistia à TV ou navegava nas redes sociais, só para perceber que o prato já estava vazio, sem se lembrar de ter realmente saboreado a comida? A prática de mindfulness, ou atenção plena, surge como um caminho valioso para nos reconectarmos com o momento presente e transformar profundamente nossa relação com a alimentação.

O conceito de mindfulness envolve uma atenção total ao momento atual, sem julgamentos precipitados, sendo uma prática que nos ajuda a estar plenamente conscientes de nossos pensamentos, emoções e sensações físicas. Quando aplicado à alimentação, o mindfulness transforma cada refeição em uma oportunidade de estarmos inteiramente presentes, desde o preparo até o último bocado, permitindo uma verdadeira conexão com os alimentos que escolhemos consumir.

Os benefícios dessa prática são profundos e variados. Ao nos concentrarmos em cada mordida, naturalmente começamos a comer mais lentamente e a reconhecer mais prontamente os sinais de saciedade do nosso corpo, o que pode ajudar significativamente na regulação do apetite e na prevenção do sobrepeso. Além disso, ao dar atenção plena ao que comemos, passamos a apreciar verdadeiramente os sabores, texturas e aromas dos alimentos, tornando cada refeição uma experiência mais rica e gratificante.

Comer conscientemente também pode ser uma forma eficaz de reduzir o estresse e a ansiedade, pois esse momento de foco exclusivo na alimentação funciona como uma meditação, trazendo calma e centrando a mente.

Para incorporar a alimentação consciente no dia a dia, é fundamental criar um ambiente propício. Isso significa, sempre que possível, evitar distrações como televisões e smartphones à mesa. Criar um ritual antes de começar a comer, como fazer algumas respirações profundas, pode ajudar a centrar sua atenção na refeição que está prestes a começar. Observar sua comida, notar suas cores e aromas e pensar na sua origem e no esforço envolvido para que chegasse à sua mesa são partes integrantes dessa prática.

Comer devagar e mastigar cuidadosamente cada bocado, além de constantemente verificar seu nível de fome, são hábitos que fortalecem a alimentação consciente. Estar ciente das principais distrações e criar estratégias para evitá-las, como desligar eletrônicos durante as refeições, também é crucial.

É importante também ser gentil consigo mesmo. A alimentação consciente é uma habilidade que, como qualquer outra, requer prática e paciência. Pequenos lembretes, como notas adesivas ou alarmes, podem ser úteis para reforçar a prática. Se você se distrair ou esquecer, não se critique duramente; simplesmente retome a prática na próxima refeição.

A adoção da alimentação consciente não é apenas sobre controle de peso; é sobre redefinir a experiência de comer como uma fonte de prazer, conexão e nutrição para o corpo e a alma. Ao praticar a alimentação consciente, você pode descobrir uma poderosa ferramenta para transformar sua vida, promovendo não apenas uma saúde física melhor, mas também uma paz de espírito e uma satisfação mais profundas.

CRIANDO UM AMBIENTE PROPÍCIO: A IMPORTÂNCIA DO AMBIENTE DOMÉSTICO.

No meio da correria do dia a dia e da constante enxurrada de estímulos que enfrentamos, é fácil perder de vista como o ambiente ao nosso redor influencia profundamente nossas escolhas alimentares. Em uma jornada de reeducação alimentar, tendemos a nos concentrar estritamente no que colocamos em nossos pratos, muitas vezes esquecendo de considerar o contexto em que fazemos nossas refeições. Imagine tentar conectar-se profundamente com sua comida enquanto pratica a alimentação consciente em uma casa desorganizada, com a TV ligada e pratos sujos espalhados. Esse cenário dificilmente é convidativo para uma refeição calma e ponderada.

A influência do ambiente em nossas decisões alimentares é substancial. Em meio ao caos, somos propensos a fazer escolhas impulsivas, optando pelo primeiro snack à vista ou comendo além do necessário, simplesmente porque estamos distraídos. Além disso, espaços desordenados podem elevar nosso estresse, empurrando-nos para comer emocionalmente como uma forma de conforto.

Criar um ambiente que favoreça escolhas alimentares saudáveis começa na organização da cozinha. Um espaço limpo e bem arrumado pode inspirar mais sessões de culinária caseira, onde você tem controle total sobre os ingredientes usados. Estrategicamente, organize sua despensa para que alimentos saudáveis estejam em fácil acesso, enquanto as guloseimas ficam mais escondidas, tornando-as menos provocantes.

A área onde você faz suas refeições também merece atenção. Idealmente, esse local deve estar livre de distrações eletrônicas, promovendo um momento de foco na comida e na experiência de comer. Considerar a iluminação é outro aspecto surpreendentemente influente; uma luz mais suave pode ajudar a criar um ambiente mais calmo e acolhedor, enquanto uma iluminação intensa pode levar a refeições mais apressadas.

Para realmente transformar seu espaço, minimize as distrações ao criar zonas livres de eletrônicos onde você come. Incorporar elementos naturais como plantas e optar por uma paleta de cores calmantes pode melhorar o bem-estar geral e tornar o ambiente mais convidativo. Até a música de fundo pode desempenhar um papel, com melodias suaves ajudando a estabelecer um clima relaxante que pode diminuir a velocidade com que você come.

Estabelecer rituais de refeição pode reforçar esses esforços. Algo tão simples quanto acender uma vela durante o jantar ou escolher uma música específica para tocar durante as refeições pode sinalizar ao cérebro que é hora de se concentrar na alimentação. Esses rituais ajudam a cultivar uma rotina de comer conscientemente, onde cada mordida é considerada e apreciada.

Reavaliar e ajustar a maneira como você armazena alimentos também pode ser um movimento astuto. Mantenha lanches saudáveis visíveis e acessíveis, enquanto esconde os menos nutritivos. Comumente, somos tentados pelo que é mais imediatamente disponível.

Ao perceber como o ambiente afeta diretamente suas escolhas alimentares, você pode começar a criar um espaço que não apenas suporte sua saúde e bem-estar, mas também promova hábitos alimentares conscientes e sustentáveis. Lembre-se de que seu espaço de vida reflete e pode influenciar sua mentalidade. Um ambiente cuidadosamente curado não é apenas um passo para o sucesso na reeducação alimentar, mas uma extensão do cuidado que você tem consigo mesmo.

LEMBRAR-SE DOS MOTIVOS QUE O LEVARAM A INICIAR O TREINO PODE SER UM IMPULSO VITAL NOS DIAS EM QUE A MOTIVAÇÃO ESTÁ BAIXA.

CONSIDERAÇÕES FINAIS

COMPROMETA-SE

Comprometer-se com uma vida mais saudável transcende a simples escolha entre consumir vegetais ou batatas fritas; é uma decisão diária de cuidar de si mesmo, de ouvir o seu corpo e de respeitar suas necessidades. Nesta jornada, é crucial reconhecer que nem todos os dias serão fáceis. Haverá momentos de tentação, celebrações e até dias de tristeza em que o conforto pode parecer estar na comida. E está tudo bem. Comprometer-se verdadeiramente significa reconhecer esses momentos e, ainda assim, optar por um caminho que favoreça a saúde e o bem-estar.

A continuidade deste processo também é fundamental. Conforme o tempo passa, suas metas podem evoluir. Talvez você alcance o peso que desejava, descubra uma nova paixão por certos alimentos ou atividades físicas. Parte do compromisso é reavaliar, adaptar-se e seguir adiante, sempre aberto às mudanças que a vida traz. É importante também celebrar cada pequena vitória. Cada escolha saudável, cada dia que você decide cuidar de si mesmo, constitui um triunfo. Essas celebrações são o combustível que mantém a chama da motivação acesa, alimentando sua jornada.

Não menos importante é o suporte que você recebe. Participar de comunidades, seja online ou presencialmente, que compartilham os mesmos objetivos, pode ser extremamente motivador. O apoio de familiares e amigos é igualmente crucial. Compartilhar suas metas e progressos com eles não apenas lhe oferece uma rede de suporte, mas também transforma seus entes queridos em aliados neste caminho.

É essencial, durante esse processo, sempre revisitar o motivo pelo qual você iniciou essa mudança. Pode ser o desejo de melhorar sua saúde, aumentar sua autoestima, ou qualquer outra razão pessoal. Esse 'porquê' serve como seu guia, um lembrete constante que o orienta e o mantém no caminho escolhido.

Lembre-se de que você possui o poder de transformar sua vida, um dia de cada vez, uma refeição de cada vez. Embora este livro possa estar concluindo, sua aventura na reeducação alimentar está apenas começando. Acredite em si mesmo, comprometa-se com sua saúde e bem-estar, e ame-se em cada etapa do caminho. A jornada é exclusivamente sua, e nós estaremos torcendo por você a cada passo que der. Até logo, e continue firme nesse caminho de descobertas e crescimento pessoal.

RECONHEÇA E CELEBRE PEQUENAS VITÓRIAS.

Já abordamos sobre isso antes, mas vale a pena reforçar. Durante nossa jornada de transformação pessoal e reeducação alimentar, é crucial valorizar cada etapa do caminho, não apenas o destino final. Cada pequeno passo dado, por menor que seja, merece reconhecimento, pois é a soma dessas pequenas vitórias que impulsiona as grandes transformações. Assim como os centavos se acumulam para formar um real, cada escolha alimentar saudável ou cada momento de atividade física contribui para construir hábitos positivos, passo a passo.

Celebrar essas pequenas conquistas não apenas fortalece a motivação, mas também eleva a autoestima. Lembrar-se dos momentos em que optou por uma alternativa mais saudável, recusando um doce excessivamente açucarado ou escolhendo um lanche nutritivo, alimenta o sentimento de realização e impulsiona o desejo de continuar progredindo.

Ao final de cada dia, reserve um momento para refletir sobre suas escolhas alimentares. Manter um registro ou diário alimentar pode ser uma ferramenta valiosa para identificar padrões e celebrar melhorias ao longo do tempo. Além disso, ao atingir marcos importantes, como uma semana sem consumir refrigerantes, recompense-se com algo que promova seu bem-estar, como um dia de spa em casa ou uma atividade que lhe traga prazer.

Compartilhar suas pequenas vitórias com amigos, familiares ou grupos de apoio também é uma forma poderosa de celebrar o progresso e inspirar os outros. Lembre-se de que todos enfrentamos desafios ao longo do caminho, mas é importante não se autocriticar por deslizes. Em vez disso, concentre-se no quadro geral e veja esses momentos como oportunidades de aprendizado e crescimento.

Cada passo em direção a uma vida mais saudável é valioso e digno de celebração. A reeducação alimentar é uma jornada contínua, e é através desses pequenos triunfos diários que se constrói uma transformação duradoura. Portanto, celebre-se a cada dia, a cada escolha. Você merece reconhecer o progresso que está fazendo em direção a uma vida mais saudável e feliz.

MANTENHA A MOTIVAÇÃO E FOCO NO LONGO PRAZO.

Você já se viu no ímpeto inicial de uma jornada, transbordando de entusiasmo e determinação, apenas para se pegar, semanas ou meses depois, lutando para manter o mesmo fervor? A reeducação alimentar, como qualquer empreendimento significativo, pode transformar-se num desafio árduo quando o brilho do começo se desvanece. Porém, é importante compreender que a chave para o sucesso duradouro não reside na intensidade inicial, mas na perseverança contínua.

Ao longo dessa caminhada, é natural enfrentar altos e baixos. A motivação não é uma linha reta, mas sim uma montanha-russa de sentimentos e emoções. Reconheça que a motivação tem seus picos e vales, e que isso faz parte do processo. A verdadeira força está em continuar avançando, mesmo quando a motivação parece escassa.

Compreender a diferença entre motivação intrínseca e extrínseca é fundamental. Enquanto a motivação extrínseca pode ser impulsionada por recompensas externas, como elogios ou mudanças na aparência física, a intrínseca surge do interior, do desejo genuíno de se sentir bem e mais saudável. Essa última tende a ser mais duradoura e significativa ao longo do tempo.

Definir metas SMART - Específicas, Mensuráveis, Atingíveis, Relevantes e Temporais - é um passo crucial para manter o foco. Em vez de objetivos vagos, como "quero comer mais saudável", procure estabelecer metas claras e alcançáveis, que possam ser monitoradas e celebradas ao longo do caminho.

Não subestime o poder de celebrar cada marco alcançado. Se sua meta é perder peso, por exemplo, celebre cada quilo perdido. Essas pequenas vitórias são combustível para manter seu ânimo e determinação a longo prazo.

Além disso, é essencial compreender que a consistência supera a perfeição. Em vez de se cobrar por resultados impecáveis, foque em manter hábitos saudáveis de forma regular, mesmo diante de deslizes ocasionais. É a consistência que cria mudanças sustentáveis e duradouras.

Desenvolver rotinas saudáveis é outra estratégia eficaz. Ao incorporar a reeducação alimentar em sua rotina diária, como preparar refeições no mesmo horário todos os dias, você cria hábitos difíceis de serem quebrados.

Buscar apoio e comunidade também desempenha um papel crucial nessa jornada. Ter alguém - ou um grupo - com quem compartilhar suas experiências, desafios e conquistas pode oferecer encorajamento nos momentos difíceis e celebrar suas vitórias ao longo do caminho.

Lembre-se sempre do seu "Porquê". Reconecte-se com a razão pessoal que o impulsionou a iniciar essa jornada. Seja para uma vida mais longa, mais energia para aproveitar momentos com seus entes queridos ou simplesmente para sentir-se melhor consigo mesmo, mantenha seu motivo como seu guia.

Mantenha em mente que a motivação e o foco no longo prazo não exigem uma força de vontade inabalável, mas sim compreensão, paciência e estratégia. Cada dia, cada escolha, traz você um passo mais perto de seu objetivo. Mesmo nos momentos em que a motivação parece escassa, lembre-se do caminho que já percorreu e do quão longe chegou. Sua jornada é valiosa e merece ser vivida até o fim. Acredite em si mesmo e continue avançando, pois você tem o poder de transformar sua vida. Até logo, e que sua jornada seja repleta de saúde, bem-estar e felicidade.

Leia também do mesmo autor:

“CUIDE DO SEU CORPO. É O ÚNICO LUGAR QUE VOCÊ TEM PARA VIVER.”

— JIM ROHN

EDITORA
SAVI

Site: www.editorasavi.com.br
e-mail: contato@editorasavi.com.br